弱水一瓢——语言的寻觅与探究

崔树帜 ◎著

中国文联出版社
http://www.clapnet.cn

图书在版编目（CIP）数据

弱水一瓢：语言的寻觅与探究 / 崔树帜著. -- 北
京：中国文联出版社，2019.12
ISBN 978-7-5190-4266-0

Ⅰ．①弱… Ⅱ．①崔… Ⅲ．①汉语－语言学－文集
Ⅳ．①H1-53

中国版本图书馆 CIP 数据核字(2019)第 292379 号

弱水一瓢 ： 语言的寻觅与探究

著　　者：崔树帜			
终 审 人：闫　翔		复 审 人：邓友女	
责任编辑：阴奕璇		责任校对：王洪强	
装帧设计：马庆晓		责任印制：陈　晨	
出版发行：中国文联出版社			
地　　址：北京市朝阳区农展馆南里 10 号，100125			
电　　话：010-85923075（咨询）85923000（编务）85923020（邮购）			
传　　真：010-85923000（总编室），010-85923020（发行部）			
网　　址：http://www.clapnet.cn　　http://www.claplus.cn			
E - mail：clap@clapnet.cn　　yinyx@clapnet.cn			
印　　刷：天津旭丰源印刷有限公司			
装　　订：天津旭丰源印刷有限公司			
法律顾问：北京市德鸿律师事务所王振勇律师			
本书如有破损、缺页、装订错误，请与本社联系调换			
开　　本：710×1000		1/16	
字　　数：172千字		印　张：11.5	
版　　次：2019 年 12 第 1 版		印　次：2023年4月第3次印刷	
书　　号：ISBN 978-7-5190-4266-0			
定　　价：58.00 元			

版权所有　翻印必究

推荐序

我和作者是大学同班同学,在校时接触不算多,毕业后身处异地,各自奔忙,更是连面都碰不上。退休后因同居京畿,接触多了些,再加微信,突然发现我俩的心灵相通,对事物的看法相当一致。现在他邀我作序,我义不容辞。但限于在职时所从事的专业同中有异,我只能概而论之。

一、勇于挑战

中国有个传统,"为尊者讳"。就是说,凡是尊者的耻辱、过失、不足,都最好不说或少说,对那些有失体面的事,知道的人越少越好。有些人深以为然。然而,作为高等院校的小兄弟——专科学校的一名普通教师,此论文集的作者却对全国语言学界的权威吕叔湘、朱德熙,全国著名教授胡裕树、张志公、张寿康、郭锡良、黄伯荣、廖旭东、吕冀平、张静、范晓,全国著名学者王德春、温端政、周荐等提出疑问、发起挑战。例如,作者认为,吕叔湘《现代汉语八百词》解说"像"作动词用时,第一个义项的第二种用法"像+名+一样(这样、那样)+形/动"结构应从动词项中移出,另立介词项。认为朱德熙《语法答问》把话题和主语等同起来,合二为一,是把句法结构平面和语用效用平面搅和到一起了,从而提出"话题"七个区别性特征,把结构话题和主语区别开来。甚至在与黄廖本就《现代汉语》一个例句商榷时,顺带提出文学巨匠鲁迅的名篇《祝福》结尾处的语句结构失调、语义不明问题,并作了改动。

乍一看,真是酱碟里扎猛子——不知深浅,不知天高地厚!不识时务,不知"为尊者讳"!可仔细一想,这不是胆大妄为、自取其辱,而是践行胡适倡导的"大胆假设,小心求证",是底层小人物在向高端大人物挑战!作者所论不一定完全在理,不一定都能站得住脚,但这是一种精神,一种挑战的精神、一种探索的精神。这种精神诚可宝贵,有了这种精神,学术才能发展繁荣,没有这种精神,学术必将是死水一潭,停滞不前。

二、肯下笨功

搞教研和科研,撰写论文,是复杂的艰辛的脑力劳动,来不得半点虚假,来不得投机取巧。身处没有科研假、缺少图书资料、教学任务又相对较重的专科学校,作者在紧张繁忙的教学工作之余,搞教研和科研,实在是很不容易,这需要见缝插针,牺牲休息时间,更需要耐得住寂寞,坐得住冷板凳。为撰写《博奇雅谲达——〈围城〉喻苑遍异葩》搜集比喻例证,作者买了多种版本的《围城》小说,反复翻查,有的几乎翻烂了,摘记卡片一大盒子,然后分析统计,甄别筛选,归纳成类,撰写成文。为撰写《漫议"辉煌"语法意义的嬗变》,在一段时间内反复收听收看某些电视频道的广告节目,例如辽宁电视台影视频道、辽宁卫视频道、央视综合频道、央视新闻频道、央视综艺频道、央视体育频道等。作者本来最不喜欢看广告节目,但当时"辉煌"一词主要就出现在广告节目里,这就使他不能不看、不得不查,还得不厌其烦地反复看、反复查。为撰写《现代汉语形转使动词的句法语义考察》,作者翻查了多部有关的词典辞书,例如《现代汉语词典》(修订本)、《形容词用法词典》、《动词用法词典》、《现代汉语八百词》、《汉语水平词汇与汉字等级大纲》、《现代汉语规范词典》、《新编汉语多功能词典》、《现代汉语辞海》、《实用汉语形容词词典》等,搜寻形容词转为使动词的例证,摘记制成卡片一盒,然后分析研判,比较甄别,据以制成了现代汉语形转使动词词表。当时不像现在,电脑手机,噼里啪啦,一点一查,瞬间完成,而是眼看手抄全凭笨功,看得头昏,抄得手疼,坐得脚麻。虽然繁杂忙累,但他觉得这样才记得准、查得实,过脑入心,放心管用。这正是,下得笨功夫,做得真学问。

三、旁涉广泛

偏居一隅执教师专的"乡学",区区二十几篇论文,却涉及广泛。主要是研究语言的,计有 15 篇,涉及语言学科的方方面面。其中研究语法的诸如《现代汉语形转使动词的句法语义考察》等共 7 篇,研究修辞的诸如《博奇雅谲达——〈围城〉喻苑遍异葩》等 4 篇,研究词汇的诸如《关于熟语和固定语的分类问题》等 2 篇,研究语音的诸如《口语表达的制约因素说略》等 2 篇,研究文字的诸如《释"隰"辨正》等 1 篇,研究口语教学的诸如《树立大教学观,开好教师口语课》等 1 篇,研究写作教学的诸如《激发学生学习写作的积极性刍议》等 2 篇。除此之外,还有关涉文学的 3 篇、关涉艺术的 2 篇、关涉教育的 3 篇。

这说明作者不是闭塞视听、关起门来杜撰,而是紧紧围绕专业和教学,多方搜求,广涉博取;不仅以一个教师的眼光审视教材和教辅,而且以一个语文工作者的眼光关注校内外乃至全社会的语文现象。例如,在 20 世纪 90年代中期,"辉煌"一词成了当时语言舞台的大明星,受到人们的普遍追捧。

作为一个道地的形容词，其用法大肆扩张，从通常的用法衍生出特殊的用法，即不仅作定语或不带宾语的谓语，而且作宾语，甚至作带宾语的述语。作者及时捕捉到这种现象，并遵照罗常培、吕叔湘两位先生在《现代汉语规范问题》一文中提出的原则性处理意见，对"辉煌"语法意义的嬗变加以厘定，决定取舍，对符合语言发展规律的新兴用法加以肯定，对不合语言发展规律的僭越用法提出了疑问，从而在某种程度上减少乃至消除了误用和滥用。

四、以小见大

作者所论述的对象，虽然只是一字如"隰"，一词如"辉煌"，一语如"空穴来风"，一复句如"……爆竹声，合成一天音响的浓云，夹着雪花，拥抱了全市镇"，一辞格如比喻，一结构如"像+名+一样+形/动"，一类词如形转使动词，一课程如教师口语，一风格如"雄强"，一乱象如"病"书，一对语法单位如话题和主语，一对词汇单位如熟语和固定语，看起来小而又小，微不足道，却能以小见大，一斑窥豹，发微烛幽，洞见深邃。例如，在《释"隰"辨正》结尾处写道：由释"隰"使我们想到，作为工具学科的古代汉语课，在解释词语含义时，不仅应注意词语在文中的具体义，而且不容忽视词语本身的概括义，不能用具体义取代概括义，更不能望文生义，自拟具体义。在《钱氏"通感"格的建格理论与写作实践》结尾处写道：钱先生在"通感"修辞格的建格理论与写作实践两个方面的开拓性贡献，和他整个一生辉煌的文学研究工作和文学创作工作相比，仅仅是这位"人中之龙"的一小片鳞甲。一小片鳞甲尚且如此耀目生辉，而况全躯巨龙乎！在《读报有感话"规范"》结尾处写道：消除不规范现象绝非一地一时的事情。现在上海的新闻出版部门动起来了，其他地方其他部门怎么办？竞查日动起来了，其他时日怎么办？我们希望上海报刊的这种精神和做法，能推而广之，并能坚持下去，直至"语"宇澄清万里埃！

五、平中出奇

作者捕捉的信息一般都是出现在广播电视、报纸杂志中抑或是教材、教辅上的语言现象。这些现象极为平常，一闪而过，倏忽即逝，一般人熟视无睹、充耳不闻，但作者的眼光锐利，语感很强，一眼就看出了毛病，一耳就听出了问题。发现问题后，不是置若罔闻，而是搜集积累同类材料，并在此基础上凝神聚思，仔细分剖，发力开掘，从而得出发人深思的结论。比如，"端正"一词,在"他的学习态度很端正"里是一个形容词,可是在"你必须端正学习态度"里,它还是形容词吗？著名语言学家朱德熙认为仍是形容词,一些专家教授诸如范晓、李泉、王启龙、叶长荫等也认为是形容词,只有个别学者认为转成了动词,如彭利贞参考英语的使役动词,改称使宾动词。这类词不少,人们常见习用,却习焉不察。它们究竟是形容词还是动词,还是兼类词？一共有多少,有些什么特点,有哪些类型,发展趋势如何？一般人只管使用,而不去仔细考量,更不去认真辨析;而作者作为一个语文工作者,以他独具的语言天赋,对现代汉语中的这类词从句法和语义两个方面作了全面的考察,命名为形转使动词,制作了形转使动词词表,并在此基础上作了分类研究,对一些合乎语言发展规律的新兴的形转使动词给予肯定,对个别不合规律的活用为形转使动词的提出疑问,指出"在文学作品中,词语活用不仅可以而且应该甚至必要,但作为公共媒体,特别是央视频道,具有很强的引导、示范和教化作用,应以规范性为准绳,应为祖国语言的纯洁和健康树立楷模"。应该说,对形转使动词的全面考察是一种开拓性研究,有一定的学术价值,但我在这里不能不指出,作者这篇关于形转使动词的研究论文,考察还要细致再细致,论析还要缜密再缜密,还要更进一步地完善,以免有失入和失出的情况。

　　以上五点,不知能否算得上特点,更不知能否囊括整个文集。姑妄称之,聊以应差。谨以为序。

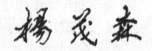

2017 年 10 月

　　(杨茂森,1942 年生,辽宁省新宾县人,沈阳师范学院中文系本科毕业生,现在是中国防灾科技学院退休干部。在职时曾任基础课教学部副主任、副教授,学校教学质量评估专家组成员;讲授过大学语文、现代汉语、逻辑学、书法等课程;在有关学报发表过多篇业内有影响的教研和科研论文,多次出版主编和参编的教材。退休后,曾担任防灾科技学院和民政管理干部学院的教学督导。在此期间,书法作品曾在国家地震局、中央国家机关工委等处展出并获奖。)

自　序

　　这本论文集收入笔者退休前写的论文 17 篇,退休后写的论文 6 篇,共
23 篇。完全按照当年写作的时间顺序编排,早期的过于稚嫩,后期的稍好
一点。有的篇幅很短,两三千字;有的较长,几万字。说是论文,有的其实不
成其为论文,充其量只是评论,或是经验总结。很多人出论文集是在职期
间,为了评职称,而笔者则是在退休后,不是为了评职称。因为笔者在职期
间已经评上了正教授,无须出书、出论文集抬爱和托举。那么,为什么还要
结集出版呢?除了儿子一片孝心想要满足笔者的"虚荣心"外,自身的原因
很简单,那就是敝帚自珍。尽管笔者的论文学术性不强,没有多少学术价值
和现实借鉴意义可言,但写作者面对它就像母亲面对生得丑陋、愚笨甚至呆
傻,或患有先天性重病的自己的孩子,几乎无一不是不舍不弃,非要养大,非
要给他治病不可,因为孩子是母亲身上掉下来的肉!这些论文,有的公开发
表过,有的只是在当时尚未取得公开出版发行资格的校刊上发表过,有的从
未发表过,现在把这些零散的论文补衲联缀,结集出版,便于保存,留作纪
念。笔者所在的学校位于高等院校的最低层次,没有科研任务,只有教学任
务。也正因如此,教学任务相对较重,几乎每学期每周每天(法定休息日除
外)都有课,没有休整时间,更没有学术假。这些看起来并不起眼的论文则
是笔者在紧张繁忙的教学工作之余,结合教学科目,围绕自选课题,查资料
记卡片,冥思苦想绞尽脑汁撰写出来的。此次付印,除当年发表时因排印错
漏而不得不填改外,余者一仍旧章,保持原貌。笔者的想法是宁以毛坯面
世,不愿以磨砖把玩、失掉真实。回首笔者半生教学生涯,先是讲授了一段
时间写作课和当代文学课,后来大部分时间讲授现代汉语课,再后来又讲授
一段时间语言学概论和教师口语课,现在以时间为序结集出版,算是对当年
在教学与科研之路上蹒跚学步的一个回望吧。

　　作为一名中文教师、一个语文工作者,笔者企望在中国语文的汪洋大海
中深潜龙宫,摘取龙王颌下的宝珠,怎奈水性太差,沉不下去,只得在海滩上
捡拾几枚贝壳就回来了,甚为遗憾。这也就是本论文集的命意和初衷。

因健康欠佳,更因水平所限,错讹之处在所难免,诚望方家不吝指正。预致谢忱!

崔榭帜

2017 年 6 月

目　　录

激发学生学习写作的积极性刍议 ……………………………………… 1

"像+名+一样(这样、那样)+形/动"结构 ………………………… 9

结构话题与主语——兼与朱德熙先生商榷 ………………………… 13

关于肯定句和否定句的质疑 ………………………………………… 19

释"隰"辨正 …………………………………………………………… 21

博奇雅谑达——《围城》喻苑遍异葩 ……………………………… 24

钱氏"通感"格的建格理论与写作实践 …………………………… 58

读报有感话"规范" ………………………………………………… 66

一个扑朔迷离、似是而非的例句——与黄廖本《现代汉语》编者商榷…… 68

口语表达的制约因素说略 …………………………………………… 72

关于普通话水平测试若干问题的思辨 …………………………… 84

空穴来风≠毫无依据 ………………………………………………… 90

漫议"辉煌"语法意义的嬗变 ……………………………………… 92

树立大教学观,开好教师口语课 …………………………………… 97

关于熟语和固定语的分类问题 …………………………………… 103

"一肌一容"不宜讲得过死 ………………………………………… 113

现代汉语形转使动词的句法语义考察 ……………………………… 115

怎一个"弑"字了得——"崔杼弑君"情状辨 ……………………… 146

我劝定盦重抖擞,另作《"病书"馆记》篇——读《病梅馆记》有感 …… 152

沙孟海先生的"雄强"书风所从何来——从其极力推崇《裴将军诗帖》说起

…………………………………………………………………… 154

高中语文"自学研讨"教学模式刍议 …………………………… 158

树立大教学观,拓展作文教学视野 …………………………… 160

只要有"爱心","顽石"亦可雕 ………………………………… 166

激发学生学习写作的积极性刍议

一、"不成问题"的问题

长期以来,写作教学由于它自身的某些性质和特点所决定,既无系统理论可以讲起来有如悬河"滔滔",更无"立竿见影"之速效;学生不愿学,老师难以教,以致学生的写作水平提高缓慢,被其他学科远远地抛在后面。然而,它又是一门实践性和技能性很强的基础工具课,对文理各学科都具有不可忽视的重要意义。因此,如果它不能很快地赶上去,势必拖培养人才的后腿,阻滞现代化建设的进程。面对这严峻的现实课题,写作课教师无不忧心忡忡。穷则思变!屡遭失败的煎熬,他们终于决定抛弃传统的写作教学法,而代之以诸如写作基本功训练分格教学法、基本智能和技能单元训练法及能中求知和以技带体训练法等新体例、新方法。这些方略,无疑将对写作教学的改革和学生写作水平的提高产生巨大影响和推动作用。

但是,并不是所有的问题都迎刃而解了。我认为,单纯从写作技能训练上做文章,一味从方法改革上求效率,未免有失偏颇。众所周知,训练方法固然十分重要,但是有了好的写作训练方法,并不等于有了较高的写作水平,还必须经过刻苦实践,而刻苦实践需要有很高的积极性作动力。

俗话说,"师父领进门,修行在个人",是颇有道理的:当师父的主要责任在于"领路",而修行者重要的是要"入门"。"领"者引也,不仅要引导,而且要吸引;"门"者不仅指门庭、路径,更主要的是指笃信挚爱之道。"写作用处大,没有巧办法,老师教不会,练中笔开花",就包含这层意思。据此,我认为:一个好的写作课教师,不在于教给学生多少写作知识、理论或方法、技巧,而在于能否引起学生对学习写作的兴趣和爱好,能否调动和激发学生学习写作的积极性和自觉性。如果学生对学习写作产生了浓厚的兴趣、强烈的爱好,那么写作实践的问题就好解决了,而其他诸如写作方法、技巧之类问题自然会在科学的写作训练实践中逐步获得解决。所以,写作教学的文章首先应该从这里着笔。

二、未必切实的措施

1.兴趣、爱好和积极性、自觉性的战略意义

兴趣和爱好虽有所区别,但在这里都系指对学习内容的一种力求认识的倾向,伴有积极的情绪状态。它是学习动机的重要心理成分,是推动学生去探求知识,并带有情绪体验色彩的意向。学习的积极性和自觉性则是指学生在对学习目的意义有一定认识的基础上产生的积极的学习态度和行动。简言之,兴趣、爱好和积极性、自觉性是一种直接推动学生进行学习活动的内部动力。所以说,培养学生学习写作的兴趣和爱好,激发学生学习写作的积极性和自觉性,是提高写作教学质量的前提条件和关键一环。实践证明,教师抓不抓这项工作,能否真正使学生热爱写作,效果是大不相同的,甚至可以说,它对于一个人在写作方面的成功起着决定性的作用。

作为一个写作水平较低的学生,就因为偶尔一次作文受到表扬,引起兴趣,结果通过刻苦练笔,写作水平很快提高上来,古今中外都不乏其例。反之,从来也受不到表扬,可是作反面例证每次都有分儿,久而久之,兴趣索然,又怎能不或则敷衍搪塞,或则干脆搁笔!学生对写作课的兴趣直接关涉和影响学生写作水平的提高。

著名的科学巨匠爱因斯坦不仅提出了对现代科学具有划时代意义的相对论,而且还说过一句振聋发聩的话:"只有'热爱',才是最好的老师。"他把兴趣、爱好和积极性、自觉性摆到战略地位上,给以最高的评价。这难道还不足以引起我们对这个问题的关注吗?

2.培养兴趣,激发积极性的具体措施

①明确学习写作的目的意义

情感和情绪总是伴随着认识而产生,学习写作的兴趣和积极性总是来源于正确的学习目的;只有明确了学习目的,才会有积极刻苦学习的行动。

教师在讲每一课题的开始,应讲清学习这一课题的目的,特别要讲清学习这一课题与社会主义现代化建设的关系,讲清学习这一课题的实际意义,而

且应尽可能地讲得生动、形象,富有感染力,最好能从日常生活和工作中引出,并举出具体事例。可以说,教师在写作教学过程中,越善于阐明写作知识、技能和技巧的具体意义,就越能引起学生学习写作的兴趣,就越能提高学生学习写作的积极性。

教师还必须针对教学内容和方法,针对教学对象的各种不同特点和具体情况,进行启发诱导,把学习写作的目的贯彻到整个写作教学的过程中去,才能使学生对学习写作产生浓厚的兴趣和持久的积极性。

②教学内容的典范性和实用性

因为由模仿到创造是学习写作的必经之路,所以首先应该重视范文选讲。选讲的文章应该是脍炙人口的名家名篇,并且以短小精悍、上口易记为宜。教师一定要从写作角度上分析透彻,特别要指出作者对生活的观察和体验,进而分析作者对生活的反映和表现,使学生对事物的认识能透过现象达到本质。

其次,对于写作知识,我以为不应片面强调系统性、理论性而讲得抽象、枯燥,最好能结合作家手稿和学生习作,把"不应该那样写"讲得具体、活泛,既看得见,又用得上,然后再上升到一定的理论高度。另外,还可通过介绍著名文学家的生平和故事,或以写作课教师自身的示范作用,来吸引学生。

③教学方法的新颖性和针对性

要让学生对写作产生兴趣,一定要因材施教,讲授得法。除了教学步骤要力求科学,环环相扣,用严密的逻辑去抓住学生的注意力,并用生动具体的事例去启动和开拓学生的思路外,还要创设问题或任务的情境。

可以从生动的实际问题引入新课;也可以在讲课过程中随时提出一些学生不能利用已有的知识和习惯的方法求得解决的新问题,激发学生的学习需要和求知欲望;还可以让学生到社会上去参加写作实践活动,面对某种实际任务,在完成任务过程中不断地培养其求知欲,产生新的学习需要。

实践证明,光有对学科内容的社会意义的认识还不一定能产生对学习的兴趣。如果能把学生组织到写作实践活动中,让他们承担一定的任务,就会使他们在完成任务过程中进一步体会知识的实践意义,就会使他们感到自己的知识有所不足,还需要进一步学习。这就能促进学生学习兴趣的发展。

④组织习作评改讨论会、优秀习作欣赏会和写作理论专题讨论会

习作评改讨论会是学生较感兴趣的一种教学方式。它具体、实在、生动、活泼,是提高学生写作水平的重要途径之一。但必须注意:一要在典型评改的基础上进行;二要有准备地进行,如原文印发,人手一份;三要抓住带有倾向性的主要问题,而不要吹毛求疵。

优秀习作,因为是学生自己的,所以学生们觉得最亲切、最实际,也最感兴趣;优秀习作欣赏是强化学生学习写作的兴趣和积极性的重要手段。只要时间允许,还要让作者简介文章的立意、构思和修改定稿过程,这也将给其他学生以有益的启示。

写作知识虽然不是系统的理论,但毕竟是抽象、概括出来的东西,单靠教者课堂讲授,学生课后对笔记,效果往往不理想。不妨把写作知识和理论的某些部分,以专题讨论会的形式来进行。但要注意:一要能用于指导写作实践,二不要向文艺理论看齐,追求高难度、大题目。

⑤组织作文竞赛和征文评奖活动

一般地说,竞赛和征文活动,总带有一定的刺激性和推动力,能激发文思,鼓舞文气,是提高学生写作水平的有效手段之一。所以应把此类活动纳入写作教学日程,作为必要环节来抓,使学生在评奖中看到自己学习成绩的提高,逐步树立起信心,从而引起更大兴趣,调动起更大积极性。但须注意五点:一是要立足于调动学生学习写作的积极性,而不是为了选拔尖子;二是要全体学生参加,以免形成少数人的活动;三是题目不宜过难;四是次数不宜过多;五是对竞赛后产生的优越感和自卑感,要分别及时加强教育。

⑥组织学生参加课外写作小组等活动

根据不同的兴趣和爱好,把学生全部组织到诸如诗歌、散文、报告文学、短篇小说和文学评论等各种课外写作小组里。适当地搞点文艺性的东西,是否脱离学生写作水平的实际,抑或是好高骛远呢? 我认为,只要掌握适

当,就只能引起学生学习写作的兴趣,而未见有它。各班(或系科)都应办文艺习作园地或油印文艺习作小报,由写作教师负责,纳入写作教学计划。

另外,组织学生看戏看电影,参加当地文艺界的一些观摩活动,协助当地报社或电台搞些调查采访等,也是有益的。在开阔视野、开拓思路的基础上,使学生对新社会、新事物、新思想、新风尚产生强烈的感情,对现实发生发展的事物有自己独立的看法。这样他们就会产生迫切地表达自己思想感情的要求,就会产生学习写作的兴趣和积极性。

三、或可变通的原则

1.要想"调动"学生必先了解学生

要想调动和激发学生的积极性,首先必须了解学生原有的兴趣所在、兴趣范围和稳定程度,分析发生兴趣和缺乏兴趣的各种具体情况和不同原因。

了解原有兴趣所在,经常会发现多和我们想望的不相吻合,如有的学生不好写作,但喜欢演讲;有的不好文学,但乐于参加文娱活动。对此,可利用原有兴趣的迁移,培养对学习写作的新的兴趣。了解兴趣范围,还会发现有的学生具有广泛的兴趣,简直是无所不好,既爱好音乐、体育,又爱好文学写作、自然科学;也有的只是对某些学科某种活动感兴趣,而对很多事物则不闻不问、兴趣索然。对此,可考虑各种兴趣之间的相互影响和转化,从而确立和增强对学习写作的兴趣和爱好。了解兴趣的稳定程度,当发现有的学生虽然对任何事物都会发生兴趣,甚至达到着迷程度,但这种兴趣很快又被另一种兴趣所取代,表现为五分钟热血,说冷就冷时,可加强督促和教育,使他们的兴趣既广又深,且能坚持长久。

2.严格明确具体的要求和及时客观公正的评价相结合

没有要求,就谈不到合乎要求的任何东西。从实际出发,对不同的学生提出不同的要求,是激发他们学习写作的兴趣和积极性的重要途径。要求越严格、越明确、越具体,激发作用就越大。而且要求总是同恰当的评价结合在一起。评价越及时、越客观、越公正,强化作用也就越大。

要求与评价的集中体现是作文批改。如果只是一般的批改,往往写作水平较高的学生,兴趣会越提越高,写作水平较低的学生就会逐渐失去信心和兴趣。只有明确订出本学期或本学年度写作指导的目的要求,然后根据这个目的要求评定成绩,而且坚持"学生自己跟自己比"的原则,才能使学生经常感到自己的进步,并且巩固下来。实践证明,学生了解其学习成果比不了解其学习成果,其学习兴趣和积极性要高得多。因此,有经验的教师总是十分重视对学生写作水平的衡定,及时强化学习写作的兴趣和积极性。

3.多肯定少批评

虽然既有肯定又有否定才是符合辩证法的,但是因为表扬是积极强化,批评是消极强化,而且一般来说前者的效果较好,所以我们还是坚持"多肯定少批评"为好。

对写作水平较低的学生,往往由于他们信心不足、兴趣不高,因此写作课教师一定要努力去发掘他们写作中的积极因素,及时肯定他们哪怕是一点点的进步。反之,对那些写作水平稍高一点的学生则应注意更多地严格要求,在表扬的同时,一定要指出他们的不足之处。

在作文评改时,要坚持"扬长避短"的原则,少打杠杠不画叉,多画曲线多圈点。对写作水平较高的学生,圈点一定不能多,以防"捧杀";对写作水平较低的学生,圈点断不可少,因为他们的信心亟须提高。这就需要拿他自己跟自己比,现在和过去比,"比"出进步,"圈"出兴趣,"点"出积极性。这就叫"成绩差偏要夸一夸,成绩好缺点必得找"!

4.兴趣不仅要培养,而且要巩固

我们看人家写出的文章很漂亮,挺有意思,颇受启发,心里常常暗想:如果自己也能写出这样的文章那该有多好啊!人同此心。所以说,开始时学生对学习写作还是蛮有兴趣的。但这种兴趣往往只是一种渺茫的想望而已,远未形成基于正确认识的真正兴趣,还具有浅淡性、暂时性和可变性,必须及时抓住,因势利导,把它培养成浓厚而又持久的真正兴趣。不然的话,凉了铁可就难打了。

培养兴趣固然不容易,而巩固兴趣则更难。要想巩固住已经培养出的兴趣,必须分析研究可能造成失去兴趣的各种情况和原因,有针对性地采取一些预防或补救措施。如对认为写作太难、自己不是写作那块料,因而敷衍塞责、提高不大的学生,除应努力改进写作教学和训练方法外,还应以驽钝之才学会写作的实例教育他,并使他经常感到自己的进步,逐渐增强其信心。对认为写作没啥或因时间紧、顾不上,兴趣转移到其他学科的学生,除应使其明确写作对其他学科的保证作用和指导意义外,还应帮助他辩证地处理几者关系,科学地安排时间。

5.积极性一定要爱护,千万不能挫伤

积极性是人生最宝贵的东西之一。一个人,有了积极性就可能有所作为;没有积极性,一切都无从谈起。一个学生,如果有了学习写作的很高的积极性,将来能否当上作家虽不敢说,但他的写作水平必定有较大提高,这个保票是可以打的。

在初学阶段,学生的积极性不一定都能体现在所写文章的内容和质量上,而常常反映在形式和数量上,且往往以"差劲"的形态出现,容易被忽略,甚或遭到不恰当的批评,写作课教师必须充分注意。对字迹工整、文面整洁且几经起草、反复修改的文章固然要给以适当表扬;而对篇幅长,且多粗制滥造,几乎无法卒读的文章,也不可随便拒绝批阅,而应尽可能抽时间看完,并且一定要在肯定他们勤于动笔、积极性高的基础上,再提出他们在写作态度上的问题;对那些文词多、有炫耀之意,写景多、有为写景而写景之嫌的文章,也不要轻下贬词,而要肯定他们的敢写精神,至于他们没能写得更好些,恰恰反映出教者指导上的问题。教者要经常征求学生的意见。意见多,要求高,是好事而不是坏事,因为它反映了提意见学生的积极性,说明目前的写作教学已不能满足他们日益增长的需要,必须改革。

6.避免兴趣主义和形式主义

写作课教学应能培养起学生学习写作的浓厚兴趣。只有这样,学生才能不论课上还是课下,不论老师布置还是没布置,也不论是在校学习还是走上社会参加工作,都能刻苦练笔,勤于写作;随着兴趣越来越浓,写作水平也一定会有长足的提高。

但必须让学生懂得:真正的兴趣应该是在正确认识的基础上产生,应该和祖国社会主义现代化建设的需要相一致;任何盲目的和个人主义的兴趣都是不足取的,甚至是有害的。同时,因为写作基础知识和基本理论的学习,并不能都通过生动形象的材料进行,还必须通过思维的抽象和概括来进行,所以单凭兴趣是不行的,还必须有坚强的毅力作保证。

另外,不能为兴趣而兴趣,搞形式主义,搞花样翻新,而应该扎扎实实,按教育科学办事,按写作规律办事,把兴趣贯注到学生的头脑中去,贯彻到写作教学和训练的一切环节中去,并化兴趣为动力,变动力为技能。

"像+名+一样(这样、那样)+ 形/动"结构

吕叔湘先生主编的《现代汉语八百词》关于兼类词"像"的诠释,也许可以做这样的归纳:当它表示两个事物有较多的共同点或当"例如"讲时是动词,当"仿佛、好像"讲时是副词;用在动词性词语前时是副词,用在名词性词语前时是动词。[①]作为我国第一部现代汉语语法方面的词典,它揭示了兼类词的不同属性,使具体的词有类可归,有处可查;简单明了,易于掌握。这是应该充分肯定的。可是当"像"用作动词时,对其第一个义项的第二种用法,即"像+名+一样(这样、那样)+形/动"结构很难解释得通。

(1)在"像+名+一样(这样、那样)+形/动"结构中,如果"像"是动词,"像+名"是动词短语(或称动宾词组),那么"像+名+一样"该是怎样一种结构呢? 说它是"比况性的修饰语"[②]未免过于笼统,没能说明其内部构成,而且更主要的是,"一样"虽有时可和"似的"替换使用,但它的意义较实在,能够单独充当句子成分,并不是比况助词[③]或结构助词[④],而是形容词,这是《现代汉语八百词》认定的。[⑤]因此我们说,"比况性的修饰语"只能是从修辞上考虑的结果,而不是语法上的结构分类。另外,如果"像+名"是动词短语,"像+名+一样"就应看作以形容词"一样"为中心语的偏正结构,那样一来就出现了动词短语直接修饰中心语的情况。然而,动词一般不能作状语,"少数动词可以作状语,但是要有一定的条件"。"这样的动词作状语······要加结构助词'地'"。[⑥]对一般动词来说是这样,对动词短语来说亦当如此,因为事实上我们至今还找不出动词短语直接修饰中心语的例子。

因此,上述的"像"是不是动词,"像+名"是不是动词短语,"像+名+一样"究竟属何种结构,就值得重新研究一下了。

(2)首先让我们考察一下"像+名+一样(这样、那样)+形/动"结构中的"像"具有哪些主要的语法特点。

a.能否重叠表尝试? 不能。

b.能否带时态助词"着、了、过"? 不能。

c.能否带趋向动词"起来、下去"等? 不能。

d.能否单独作句子成分? 不能。

e.能否用肯定和否定相叠的方式表示疑问？能。

f.能否用副词加以修饰？能。[7]

由此看来,这里的"像"只具有动词的一小部分主要特点,却具有介词的全部主要特点。

(3)在"像+名+一样(这样、那样)+形/动"结构中,"像"可由"和、跟、同"等介词替换,而基本意思不变。如:

像上次一样跑着去

和上次一样跑着去

纺车像战斗用的枪,耕田用的犁,学习用的书和笔一样,成为大家亲密的伙伴。

纺车跟战斗用的枪,耕田用的犁,学习用的书和笔一样,成为大家亲密的伙伴。(吴伯箫《记一辆纺车》)

这歌声也像公孙大娘的舞蹈一样,使他难于忘记。(冯至《杜甫传》)

这歌声也同公孙大娘的舞蹈一样,使他难于忘记。

替换法虽然不能据以划分词类,但可以鉴定它们作为语言单位在功能上的同一性。[8]

(4)在一般情况下,一个句子意义上的重点是不能省略的,而意义上的重点又多是由实词来体现的,因此,作为汉语语法的一个重要特点是"常常省略虚词"。[9]"像+名+一样(这样、那样)+形/动"结构中,"像"有时即可被省略。如:

当她听到小虎假哭声像洪水一样灌进厨房时,她乐了,暗笑了起来。(《全国微型小说精选评讲集》第17页)

当她听到小虎假哭声(　)洪水一样灌进厨房时,她乐了,暗笑了起来。

人群像潮水一样涌向广场

人群(　)潮水一样涌向广场

他像没事人一样走出大门

他(　)没事人一样走出大门

被省略的虽然不一定是虚词,但常常是虚词。

(5)在"像+名+一样(这样、那样)+形/动"结构中,"像"表示两个事物有共同点,但还不够具体、明确,后边必须加上形容词"一样"或指示代词"这样、那样"复指一下。由于"一样"等词语的互参作用,"像"的词语意义虚化了,语法意义凸显了;主要的不再是描写情态程度,而是介引比较对象了。例如,"湖面像明镜一样清澈",主要说的不是"湖面像明镜",而是"湖面清澈",怎么样"清澈"呢?"一样"清澈,和什么"一样"呢?"和明镜"一样,因而"湖面像明镜一样清澈",似可理解为"湖面和明镜一样清澈"。同样道理,"学汉语像任何语言一样要多听多说",似可理解为"学汉语同任何语言一样要多听多说";"他说汉语就像藏语那样流利",似可理解为"他说汉语就跟藏语那样流利"。在这类话语结构中,"像"的介词性质隐约可见。

(6)张寿康先生把"像+名+一样"名曰"比况结构",并说:"这种结构是'成块'地自由运用的。"⑩言外之意是不必也不可再作分析。但语言实践告诉我们,它可以不"成块"而又"自由运用"。就拿张先生自己的例子来说吧,"蓝色的天空像海一样"可以说成"蓝色的天空像海( )","像海一样的蓝色天空"可以说成"( )海一样的蓝色天空","天空蓝得像海一样"可以说成"天空蓝得像海( )"。既然可以这样拆零运用,当然可以拆零分析了,大可不必以"板块"固之,完全可以分析成其他的可分结构。

(7)根据上述六点理由,我们认为"像+名+一样(这样、那样)+形/动"结构中的"像"应视为介词,"像+名"为介宾短语,"像+名+一样"为介宾短语作修饰语、形容词作中心语的偏正结构,"像+名+一样+形/动"为下位偏正结构("像+名+一样")作修饰语、形容词或动词作中心语的上位偏正结构。这和朱德熙先生所说"在状语位置上的'一样、一般'本身带有状语"是一致的。⑪

(8)吕冀平先生说:"'水似的'是'像水似的(一样)','铁塔似的',是'像铁塔似的(一样)',这是一种特殊的状语。"⑫在这里,吕先生把"像水似的""像水一样""像铁塔似的"和"像铁塔一样"看作同一种特殊的状语,我们不敢苟同。这是因为"一样"和"似的"虽然意义和用法相近,但是二者的词性不同:一为形容词,属实词;一为助词,属虚词。所以尽管都能和"像+名"一起构成状语,但内部结构殊异。

(假哭声)像　　洪水　　一样(灌进厨房)
　　　　　介宾短语
　　　　　　　偏正结构

(假哭声)像　　洪水　　似的(灌进厨房)
　　　　　动词短语
　　　　　　　比况结构

(9)在"像+名+一样+形/动"结构中,"一样"可以换成"般""一般"。因为它们的词性相同、意义相近,所以应视同"一样"看待和处理。

(10)在"像+名+这样(那样)+形/动"和"像+名+一样+形/动"结构中,虽然两个"像"同属介词,但由于"这样"(那样)是指示代词,而"一样"是形容词,所以它们的内部构成还是有所不同的。"名+这样(那样)"是名词性偏正结构;"像+名+这样(那样)"不是偏正结构,而是介宾结构,作后边的形容词或动词的修饰语(状语)。"像+名+这么(那么)+形/动"与此相同。

(11)基于上述看法,我们建议《现代汉语八百词》关于兼类词"像"的注释应把"像+名+一样(这样、那样)+形/动"结构从动词项中移出,另立介词项。

附注　①吕叔湘主编《现代汉语八百词》第507页。
②丁声树等著《现代汉语语法讲话》第50页。
③黄伯荣、廖序东主编《现代汉语》第344页。
④吕冀平:《汉语语法基础》第168页。
⑤同①,第535页。
⑥同④,第245页。
⑦赵元任:《汉语口语语法》第330、293页。
⑧吕香云:《现代汉语语法学方法》第224页。
⑨同①,第2页。
⑩胡裕树主编《现代汉语参考资料》第520页。
⑪朱德熙:《定语和状语》第33页。
⑫同④,第246页。

结构话题与主语
——兼与朱德熙先生商榷

    朱先生在《语法答问》里指出："五十年代主宾语问题讨论中曾经出现许多糊涂想法,其中有一些就是由于没有把这些概念的性质弄清楚引起的。进行语法分析,一定要分清结构、语义和表达三个不同的平面。"①意思是说,把语法分析的三个平面搅和在一起是问题的症结所在。这是颇有见地的。例如"台上坐着主席团"这句话,有人说"主席团"是主语,"台上"是状语;有人说"主席团"是宾语,"台上"是主语。争论的实质是作语义关系分析还是句法结构分析。语义关系和句法结构分属不同的平面。不同平面上的两种分析搅和在一起,就像快车跑上慢车道、慢车跑上人行道一样,自然夹缠不清、阻滞不通了。由此看来,建造语法分析上的"立交桥"很有必要。

    但是朱先生接着说:"说话的人选来作主语的是他最关心的东西,这就是所谓话题,谓语则是对于选定的话题的陈述。"②这就把话题和主语等同起来或合二为一了,也就是把句法结构平面和语用效能平面搅和到一起了。

    诚然,主语和话题有时是一致的,如:

①这本书,内容很丰富。

②他俩一个是汽车司机,一个是调度员。

③这两处地方,哪儿也不比哪儿好多少。

例①中的"这本书"、例②中的"他俩"、例③中的"这两处地方"既是主语,又是话题。但是有时又是不一致的,如:

④这件事,我有不同看法。

⑤无线电他内行。

⑥田间管理,他的经验很丰富。

⑦家庭领域中的精神文明建设,妇女负有重大的责任。

按照"在确定汉语动词谓语句的主语时,考虑到句法上是否出现介词和语义上有无及物性关系,较为妥当"③的观点,例④中的"这件事"、例⑤中的"无线电"、例⑥中的"田间管理"、例⑦中的"家庭领域中的精神文明建设"都不是主语而只是话题,例④中的"我"、例⑤中的"他"、例⑥中的"他的经验"、例⑦中的"妇女"都不是话题而只是主语。这就是说,主语不一定是话题,而话题也不一定是主语。朱先生只看到二者的联系,没有看到二者的区别;只看到二者一致的地方,没有看到不一致的地方。正如郎峻章先生曾在一次通信中指出的那样:"朱之失在于把句首的 Nx 一律看作主语,赵之失在于把句首的 Nx 一律看作话题。"

那么,在什么情况下话题和主语才不一致呢?一般说来,"关于、对于、至于"或"说到"一类的词直接加在(虽然实际未有而能够加于)句首的名词短语上,就表明这个名词短语是话题,同时也表明它不是主语,这时二者显然不一致。

既然话题和主语有时不一致是较为明显的客观存在,那么为什么会把它们搅和到一起呢?

把不同的平面搅和到一起的原因,也许正像朱先生曾经指出的那样,"就是由于没有把这些概念的性质弄清楚引起的"。那么,我们不妨看看朱先生对这些概念的性质是怎样解释的。

朱先生把语法分析的三个平面称作结构平面、语义平面、表达平面,和一般提法不同。这里涉及的问题不仅是如何称呼,更主要的是对概念性质的认识和范畴的确定。例如,"结构平面研究句子里各部分之间形式上的关系"④中的"句子里"不仅没有把近年颇受重视的"短语"的重要地位凸显出来,而且给人以排除在外的感觉,"各部分"概念模糊,无助于说明问题,如把"句子里各部分"改为"语言符号",则不仅包罗无遗,而且较为明确,"形式上"三个字亦可省略,所以似乎可以修正为"结构平面研究语言符号之间的关系"。再如,"语义平面研究这些部分意义上的联系"⑤,其中"意义上的联系"提法不够明确,没有触及问题的实质;而且这种联系的实质不存在于"这些部分"之间,而存在于语言符号与客观事物之间,所以似乎可以修正为"语义平面研究语言符号与客观事物之间的关系"。又如,"表达平面研究同一种语义关系的各种不同表达形式之间的区别"⑥,使人感到困惑:按理说,"表达"研究的应该是采用什么样的最佳形式,如何更好地表现我们的思想感情的问题,属于修辞的范畴,不是语法的范畴,朱先生和吕先生合著的《语法修辞讲话》实际上就是这样"界说"的。朱先生所说"研究同一种语义关系的各种不同表达形式之间的区别",似乎是研究各种句型变换。所以似乎可以修正为"表达平面研究语言符号和使用者(包括使用环境)之间的关系"。

朱先生还说:"话题这个概念本身就缺乏明确的定义。"⑦如果说一直到现在话题还没有一个科学的、精确严密的定义的话,我们是深以为然的;如果说话题"这个概念本身"就缺乏明确的定义的话,我们则不敢苟同,因为这种"模糊"论意味着对语用平面的否定,而在实际上,话题作为语用平面的一个重要概念,还是有迹可循、界线清楚的。

下面,我们参照国内外学者的有关观点,采取和主语对比的方式,粗略地谈谈话题的特征,以就教于朱先生。

一、话题居句首位置

句首位置可以说是话题的形式标志。这是因为谈话首先要指出什么是要谈到的事物,作为谈话的出发点,然后再对这个事物加以说明,所以结构话题一般都遵循"话题—说明"的语序。一般来说确实如此。

但是,有时为了强调"说明",或因情急话促而先"说明",则又使话题句的语序改变,诸如疑问代词放在句首的疑问句、感情色彩强烈的形容词性短语放在句首或受形容词修饰的动词短语放在句首的感叹句、对比式的话语结构,它们的语序都是"说明—话题"。如:

⑧谁叫你来的?
⑨为什么叫琵琶湖?
⑩太难闻了,这味!
⑪太美了,龙首山!
⑫眼镜盒丢了,眼镜没丢。

例⑧中的"谁"、例⑨中的"为什么"不是话题而是说明,因为话题作为谈话的出发点不能是未知的,而例⑧中的"叫你来的"、例⑨中的"叫琵琶湖"才是话题而不是说明。值得注意的是,这两句的"说明—话题"语序乃是正常语序。例⑩中的"太难闻了"、例⑪中的"太美了"也不是话题而是说明,而例⑩中的"这味"、例⑪中的"龙首山",则是话题而不是说明,但这两句不是正常语序。例⑫中的"眼镜"和"眼镜盒"也是说明而不是话题,因为对比表示的是"丢的是眼镜盒,不是眼镜"这个意思。

据此,我们认为范开泰同志在《语用分析说略》一文中所说的"话题总是出现在句首"⑧,未免有些片面。和话题不同,主语的位置一般在谓语前

（有时倒装在谓语后），而不限于句首。

二、话题表示已知信息

这是从信息结构的角度来分析话语结构。

人们之间的交际的实质，就是信息传输和感情交流。不传递信息的话语是废话。而信息又总是按一定的线性序列传递的，即由已知信息到新信息。话题总是表示已知信息，说明总是表示新信息。例如：

⑬来的人是他。

例⑬的说写者应该是先知道"来了一个人"这个情况，至于这个人是谁则还是个未知数，需要作认知判断，所以说话题"来的人"表示的是已知信息，说明"是他"表示的是新信息。至于"他来了，他的弟弟没来"这句话，既然表示的是"来的人是他，不是他弟弟"这个意思，那么"他"表示的是对比性的新信息，是说明，"来了"表示的是已知信息，是话题，语序为"说明—话题"。这样，信息结构和话语结构就一致起来了。在这一点上，我们和范开泰同志的看法有所不同。

和话题不同，主语不总是表示已知信息，有时也表示新消息，如"他来了，他的弟弟没来"这个复句，主语"他"和"他的弟弟"表示的都是新信息。

三、话题具有指称功能

说话是人的一种行为方式，而言语行为总要表现出某种言语功能。

如果说我们可以参照奥斯汀的提法，把言语行为大致分为判断、指示、允诺、协调、表态五类，参照皮特·科德的提法，把言语功能大致分为个人、指示、酬应、指称、界说、想象六类，那么似乎可以说，判断行为表现出指称功能，表态行为表现出个人功能。而"指称功能大都依靠那些对某种真实的或假设的事态表示看法的行为来体现"⑨，所以我们说指称功能在某种程度上又包括个人功能。

以话题为中心的言语功能，通常称为指称功能，话题的功能在于确立容纳谓语表述的框架。这种功能大都由话语中的命题成分来完成。例如：

⑭小明十五岁了。

⑮这个人谁都不认得。

例⑭中话题"小明"是表述对象，"十五岁了"则是对表述对象的说明。

　　例⑮是有歧义的,但不论是表示"别人不认识这个人",还是表示"这个人不认识别人",都是对"这个人"的表述。作为表述对象的话题,"这个人"构成一个命题,具有确立指称功能框架的作用。

　　在没有了解一个句子的表达功能前,是无法确定这个句子的结构模式的。功能和结构不是独立存在,而是结合在一起的,首先是特定的表达功能,然后是与之互相适应的线性配置格局。可以说,言语功能能够确定言语的性质。

　　和话题不同,主语有时并不具有指称功能,例如:"这个病人你们一定要照顾好。"这句话是以听话者为对象的,是说话者利用自己的权利或权力支配听话者行动的。因此,主语"你们"确立的是指示功能框架。

四、话题可以自由选择

　　这是因为,话题不是动词决定的,无须同句中某个动词有选择关系;话题不必是谓语成分的论元,无须同谓语在性、数、格上保持一致。因而,任何名词短语都可以成为句子的话题,说写者可以根据需要自由选择,不用考虑谓语动词的性质,甚至介词短语出现在句首也能构成话题。如:

　　⑯至于教育,你是内行。

　　⑰第三百货商店信誉扫地。

　　⑱王同志兄弟多。

　　例⑯中的"至于教育"起点题作用,它的话题身份毋庸置疑。由此看,有人把"关于、对于、至于、说到"等作为话题的标志,不无道理。例⑰的话题"第三百货商店"同动词"扫地",例⑱的话题"王同志"同形容词"多",既没有选择关系,也谈不到一致关系。

　　和话题不同,主语同句中某个动词之间必定存在某种及物性的选择关系和一致关系。例如:

　　⑲我教过这个学生。

　　我这个学生教过。

　　这个学生我教过。

　　例⑲是同一谈话内容的三种不同说法,话题显然有了变化,"我"—"教"—"这个学生"之间的选择关系却没有改变,即"教"总是与一个表人的名词构成施事—动作关系,又总是与一个表人的名词构成动作—受事关系。

五、话题对互参关系的删除起支配作用

采用重复的方法或使用语法替换词来照应先行词叫互相参照。

对互参成分的删除起支配作用的,一般是话题,而不是主语。例如:

⑳这件事我没意见,就看他给不给你办了。

例⑳中第二分句删除的宾语,只可理解为话题"这件事",而不是指主语"我"。

六、话题不介入语法过程

这是因为话题在句法上不依附于句子的其余部分,所以在诸如反身代词化、被动化、相同名词短语删除、动词系列化和命令句化等过程中不起作用,而主语在整个语法过程中起重要作用。

这一点对话题来说是不言而喻的,故例子从略。

七、话题所指事物有定

这是因为话题总是表示已知信息,而已知信息是语流或情景早就提供的情况,是说写者在说写前共同了解其所指的事物,所以说是定指的。如:

㉑馅饼糊了。

例㉑中的话题"馅饼"是说话者和听话者事先就知道的,是放在某个烤炉或平底锅里烤或烙的带馅的饼,是定指的。

和话题不同,有的主语对说写者来说是新信息,事先不了解,因此说是无定的。如前举⑬例,"眼镜盒"和"眼镜"分别是两个分句的主语,表示对比性新信息;因为丢的究竟是"眼镜"还是"眼镜盒",检视前是不能确定的,所以是不定指的。

以上所谈七点是否可以说是话题的区别性特征,是否可以据此把结构话题和主语区别开来,我们还不敢十分肯定,但至少可以说,话题这个概念本身还是比较明确的。至于科学的定义,则有待于专家们的研讨了。

附注　①②④⑤⑥⑦朱德熙《语法答问》第37、38、39页。

③⑧《中国语文》1985年第6期,第403页。

⑨皮特·科德著、上海外语学院译《应用语言学导论》第30页。

关于肯定句和否定句的质疑

　　黄伯荣、廖序东主编的高等学校文科教材《现代汉语》（1986 年修订本，以下简称《教材》）给肯定句和否定句所下的定义是，"对事物作出肯定判断的句子，叫肯定句；对事物作出否定判断的句子，叫否定句"。[①]但作为否定句例子举出的"今天天气不坏"这个句子，虽确系否定句，却在实际上对"今天天气"这一事物作出了肯定判断，意思是说"今天天气比较好"，如用《教材》的这个定义去衡量，则要把它从否定句中"驱逐出境"了。另如《教材》所举双重否定的全部例句："古往今来，没有一场真正的革命，不是大大推动社会生产力发展的。""你不能不让人乐于为你而生，勇于为你而死，为了你而奋发前进！""我们不能不感谢那些地质勘探队。""同来的人都知道，他不会不了解吧！"都是对事物作出肯定判断的句子，即"古往今来，每一场革命都是大大推动社会生产力发展的。""你一定会让人乐于为你而生，勇于为你而死，为了你而奋发前进！""我们一定要感谢那些地质勘探队。""同来的人都知道，他也一定会了解的！"如用《教材》的这个定义去衡量，岂不要由肯定句"提供庇护"了吗？由此可见，《教材》所下的定义和所举的例句自相矛盾，彼此抵牾。

　　显然，问题的症结不在例句上，而在定义本身。本来，肯定句和否定句是属于修辞范畴的，是对相同内容的不同表达形式来说的，是两种不同的句式，应该根据句子的"内部特点"[②]来界划，从结构形式方面去探求，《教材》的编者却从语义内容上去考虑，结果当然是风马牛不相及而相违了。

　　那么，究竟怎样给肯定句和否定句下定义才比较科学呢？我的粗浅想法是：可以根据结构形式上有没有否定词这一点对二者加以区分，即凡是有否定词的句子，不管它是对事物作出肯定或否定判断，都以否定句目之；反之，凡是没有否定词的句子，不管它是对事物作出否定还是肯定判断，都以肯定句目之。具体说就是：在判断动词"是"或表肯定的动词前加上"不""没""没有""无""非""未"等否定副词而对事物加以判断的句子，叫否定句;以判断动词"是"或省略判断动词"是"直接判定事物之间关系而没有否定副词的句子,叫肯定句。

这样,"今天天气不坏"这个句子,尽管在语义内容上对事物作出了肯定判断,但是在结构形式上有否定词"不",所以归为否定句毋庸置疑。同样,"古往今来,没有一场真正的革命,不是大大推动社会生产力发展的"等连用两个否定词的双重否定的句子,尽管在语义内容上对事物作出了肯定判断,而且肯定语气比一般肯定句更强烈,但笃定是否定句。至于一个否定词加上一个表示反问的语气词、疑问代词或表示否定意义的形容词、副词构成的双重否定,当然也应作如是观。如:

难道我们还有什么个人利益不能牺牲,还有什么错误不能抛弃吗?

谁不记得井冈山上的青青翠竹呢?

这样打下去,不败才怪呢!

我差点儿没赶上车!

顺便旁涉几句。同样的意思用肯定句和否定句两种句式说出,虽然基本意思相同,但有程度差别,特别是语气不同。不过这只是表达效果问题,不能据以划分肯定句和否定句。认为"肯定句与否定句,是从说话的语气这个角度讲的"[3],不仅没有抓住这两种句式的形式特征,而且容易和陈述句、祈使句、疑问句、感叹句发生纠葛。

从给肯定句和否定句下定义的分歧中,我们似乎可以引出一点教训,那就是:我们在研究事物或阐发道理时,都要始终恪守同一标准,不然的话,各自从不同的立场、不同的角度出发,用不同的眼光、不同的尺度去看待和衡量同一事物或道理,势必见仁见智、其说不一了。

附注　①黄伯荣、廖序东主编《现代汉语》(1986年修订本)第521页。

②同上书,第513页。

③黄汉生主编《现代汉语》(语法修辞)第234页。

＊　此文第二作者为当年的现代汉语课代表王维卿。

释"隰"辨正

关于"隰"的字(词)义,郭锡良先生主持编写的《古代汉语》上册中记叙文文选《李寄斩蛇》中注释为:指山洞。朱东润先生主编的《中国历代文学作品选》上编第二册三国两晋南北朝部分志怪小说《李寄》中注释为:低洼的地方。《李寄斩蛇》和《李寄》实际是出自《搜神记》的同一篇文章,只是编者所加的文题不同罢了。在这里,对于同一篇文章的同一个"隰"字的意义的注释虽非迥异,却也难以相通:山洞不一定在低洼的地方,而低洼的地方也不一定有山洞,这就是说"山洞"和"低洼的地方"之间没有什么必然联系。这就有仔细考较,加以辨析的必要了。

实际上,我们只要翻检一下有关的字词典,就会发现"隰"的释义原很明确,归纳起来共有四个义项:①低湿的地方见于《康熙字典》、《辞源》、《辞海》(新旧版)、《说文大字典》、《同源字典》、《古汉语常用字字典》、《现代汉语词典》、《新华词典》);②新开垦的田地见于《康熙字典》、《辞源》(新旧版)、《辞海》、《古汉语常用字字典》、《新华词典》);③古地名(见于《康熙字典》、《辞源》(新旧版)、《辞海》(旧版);④姓(见于《康熙字典》、《辞源》、《现代汉语词典》)。而在上述出自《搜神记》的那篇文章中,"隰"既不是姓氏,也不是古地名,这是显而易见、无须赘言的。那么,能否是"新开垦的田地"呢?答曰非也。这是因为文中有"累年如此,已用九女",由此可见"隰中有大蛇"已历九年,因而"隰"不会是什么新开垦的田地。至此,我们已排除了三个义项,剩下来的只有"低湿的地方"这个义项了,这就是说,朱东润主编的《中国历代文学作品选》的注释是正确的。

问题似乎是已经解决了,其实不然。这是因为,从时间上看,朱东润主编的《中国历代文学作品选》在前(1962年出版),郭锡良主持编写的《古代汉语》在后(1981年出版),我们很难想象郭本的编者们没有翻检和参阅过此前的有关资料,很难想象他们根本不知道"隰"有"低湿的地方"这个义项,然而他们注释为"指山洞"。因此,我们不能不设想他们是自出机杼、匠

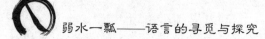

心独运。这就需要作进一步地辨析了。

可能有人会说:朱注是源于字词典的概括义,而郭注则是根据上下文或语境给出的具体义。但是我们说,词的概括义是从大量具体义概括出来的,而具体义又是概括义的具体运用,所以说具体义应能反映概括义表示的对象特征所说明的那些特点,即应是概括义的适用对象。然而"山洞"并不具有"低湿的地方"既低又湿的特点,因而得不出凡是"山洞"就是"低湿的地方"的结论。当然,我们并不否认,表示同一概念的词,在不同的上下文中,其指示对象和表示的对象特征有差别,即一般所说的词有泛指和特指两种用法。然而,"低湿的地方"虽然可以说是泛指义,但"山洞"因与"低湿的地方"二者之间缺乏必然联系,怎么也算不上它的特指义。

也可能有人会说:朱注是本义,而郭注则是转义。我们认为,朱注固然是本义,但郭注算不上任何一种转义。转义之一是引申义。一般来说,本义具体些,引申义抽象些,而"山洞"和"低湿的地方"相较,不仅不能说抽象些,反倒要说具体些。转义之二是比喻义。比喻义应该是"像"本义,而"山洞"并不像"低湿的地方"。转义之三是形容义。形容义是利用本义所指事物的性状来形容类似事物,而"山洞"并无既"低"又"湿"的性状可以形容,乃是实指。

还可能有人说:朱注是一般性的解释,而郭注则是针对上下文和具体语境作出的特殊性的解释。其根据是文中前有"其西北隰中有大蛇",后有"送蛇穴口……以置穴口……寄入视穴",前后贯通,"隰"非"穴"而何,而"穴"者"洞"也,因而说"隰"指山洞并非编者所发明,乃是作者本意若此。

按照这种解释,"隰"和"穴"应是同义词,当能前后换用。可是换用的结果,不论"其西北穴中有大蛇",还是"送蛇隰口……以置隰口……寄入视隰",都使人感到语意淆乱、捍格不通。这是因为原作者对"隰"和"穴"的义界区划明确,当谈到范围较大的"低湿的地方"时用"隰",而在谈到范围较小的"洞"这个后起义时一律用"穴",决不混同。据此我们推断,文中涉及的地理位次是按照由广到狭的顺序来记叙的,那就是:东越有闽中,闽中有庸岭,岭中有隰,隰中有穴,穴中有蛇。这种记叙顺序和义界范围是不应也

不能变乱的。

也还可能有人会说:蛇是穴居的,所以"隰中有大蛇"想来当然就是"洞中有大蛇"了。

我们认为,蛇有穴居的,也还有树栖和在水中生活的,不能一谈到蛇就只想到"洞",更何况所谓"洞"者"空也幽也壑也"(见于《说文大字典》)和"低湿"不相干。当然,文中所说的蛇确是穴居的,但它的活动范围又怎能以"穴"囿之!须知蛇的生活习性之一是喜水草,经常出没于低湿的地方,所以"隰"义大可不必拘泥于"指山洞",而应以朱注"低湿的地方"为是。

由释"隰"使我们想到,作为工具学科的古代汉语课,在解释词语含义时,不仅要注意词语在文中的具体义,而且不能忽视词语本身的概括义,不能用具体义取代概括义,更不能望文生义、自拟具体义。

博奇雅谑达

——《围城》喻苑遍异葩

众所周知,钱钟书是一位学富五车、誉驰四海的著名学者、伟大作家,堪与鲁迅、郭沫若媲美。他的鸿篇巨制《围城》是中国现代文学史上的丰碑,是迄今最有影响、最受欢迎、最优秀、最伟大的作品之一,堪与茅盾的《子夜》相论并提,被誉为描写现代知识分子的新《儒林外史》。

捧读《围城》,好像仰望清朗的夏夜缀满天幕的繁星,那联类无穷的比喻,一个个闪闪发光,熠熠生辉,璀璨夺目,灼灼盈人;掩卷而思,又好像步入了西王母的御花园,那一树万花的山茶,那冰清玉洁的雪莲,那雍容华贵的牡丹,那素朴儒雅的君子兰,那刺世嫉俗的仙人球……使人目不暇接,叹为观止!

如果说《围城》是一座比喻的大花园,那么"博""奇""雅""谑""达"就是她异彩纷呈、摇曳多姿的五朵金花。

一 博

钱先生曾说:"盖事物一而已,然非止一性一能,遂不限于一功一效。取譬者用心或别,着眼因殊,指同而旨异,故一事物之象可以孑立应多,守常处变。"他在《围城》的比喻创作中恪守了这一原则。

(一)首先是"守常"多,即比喻的数量多、种类多

各种各样的比喻,触目皆是,不劳"俯拾",甚至可以说,《围城》是一部使用价值很高的实用比喻辞典。据笔者统计,全书共用 878 个比喻,其中基本型有明喻 451 个、暗喻 207 个、借喻 189 个,基本型的变化有引喻 11 个、缩喻 49 个、倒喻 42 个、提喻 1 个、补喻 4 个;特殊型有较喻 12 个、类喻 7 个、博喻 27 个、对喻 5 个、叉喻 24 个、连喻 24 个、套喻 11 个、正反喻 3 个、曲喻 1 个。全书共分九部分,每部分平均 97.5 个比喻,最多一部分达 193 个比喻。

全书359页,每页平均近2.5个比喻,最多一页达13个比喻,就连只有寥寥4页的"重印前言"和"序言"也有7个比喻,甚至书名《围城》也是笼罩全书、蕴含哲理的超级比喻。简直可以说,整个《围城》是由比喻之砖砌筑的,故事情节是由比喻之线连缀的,人物形象是由比喻之刀雕镂的,主题思想是由比喻之光烛照的。

(二)其次是"处变"多,即比喻的多角度、多侧面、多层次、多变化

1.比喻的多角度

(1)同一比喻的不同角度。例如(以下省略"例如"二字):

铁的硬,豆腐的淡而无味,轿子的容量狭小,还加上泥土气,这算他们的民风。

这是一个倒喻,又是一个博喻。它从性格倔强、情趣恬淡、器量狭窄、乡土气息浓重等多种角度设喻,全面而又简括地介绍了男主人公方鸿渐家乡——一个江南小县的风土人情,为方鸿渐的父亲和挂名岳父周经理等人的出场作了铺垫。

(2)不同比喻的不同角度。

有人叫她"熟食铺子",因为只有熟食店会把那许多颜色暖热的肉公开陈列;又有人叫她"真理",因为据说"真理是赤裸裸的"。鲍小姐并未一丝不挂,所以他们修正为"局部的真理"。

这是由两个暗喻构成的博喻。它对轻浮放荡的女留学生鲍小姐从共时的角度作了评介,嘲弄讽刺的口吻轰然在耳,憎恶鄙弃之情溢于言表。

有人失恋了,会把他们的伤心立刻像叫花子的烂腿,血淋淋地公开展览,博人怜悯,或者事过境迁,像战士的金疮旧斑,脱衣指示,使人敬佩。

这是由两个明喻构成的博喻。它对"有人"在失恋的当时和过后都不怕公之于众的两种心态从历时的角度作了描绘,借以和失恋后的方鸿渐作对比,突出他"只希望能在心理的黑暗里隐蔽着,仿佛害病的眼睛避光、破碎的皮肉怕风"的内向性格和纯真感情。

2.比喻的多侧面

鸿渐嘴里机械地说着,心理仿佛黑牢里的禁锢者摸索着一根火柴,刚划亮,火柴就熄了,眼前没看清的一片又滑回黑暗里。譬如黑夜里两条船相迎掠过,一个在这条船上,瞥见对面船舱的灯光里正是自己梦寐不忘的脸,没来得及叫唤,彼此早距离远了。

这也是由两个明喻构成的博喻。它从"没来得及看清"和"没来得及叫唤"两个侧面设喻,描状出方鸿渐失去唐小姐的爱情的难以名状的无限怅惘和追悔莫及的无边痛苦。

3.比喻的多层次

可是心里忘不了他,好比牙齿钳去了,齿腔空着作痛,更好比花盆里种的小树,要连根拔它,这花盆就得进碎。

这也是由两个明喻构成的博喻。它对"摩登文明社会里那桩罕物——一个真正的女孩子"唐晓芙同方鸿渐公开决裂后心里仍忘不了他的难以割舍、令人心碎的情愫作了比况。一个"好比",另一个"更好比";一个仅是"作痛",另一个则是"就得进碎"。显然,这是两个不同层次的比喻。它把唐晓芙对方鸿渐的感情的纯、真、深描摹得生动、细腻而又深刻。

4.比喻的多变化

古典学者看她说笑时的好牙齿,会诧异为什么古今中外的诗人,都甘心变成女人头上插的钗,腰束的带,身体睡的席,甚至脚下践踏的鞋袜,可是从没想到化作她的牙刷。

这是由五个暗喻构成的博喻。它是为了突出唐晓芙的好牙齿所作的多层次的夸饰比喻,由钗到带,由带到席,再由席到鞋袜,等而下之,次第排列,而"牙刷"却又一个筋斗翻了上去,打破了这种秩序。这种变化不仅凸显了唐小姐的牙齿美,而且使读者领略到一种行文参差错落比一味地整齐、和谐、匀称、统一更美的情致。

钱先生还曾说过,可以而且应该"在一个比喻的基础上推进发展,引出另一个或者另几个新的比喻"。在《围城》的比喻创作中,他作了成功的尝试,于是产生了叉喻和套喻。

（三）叉喻

1.递接叉喻

孙小姐就像那条鲸鱼，张开了口，你这糊涂虫就像送上门去的那条船。

一个像庞大的鲸鱼，另一个像小船；一个"张开了口"，另一个"送上门去"。一个比喻工于心计，要把方鸿渐弄到手的孙柔嘉；另一个比喻糊里糊涂当了孙柔嘉的俘虏，还蒙在鼓里的方鸿渐。两个比喻一递一接，构成叉喻，不仅把方鸿渐和孙柔嘉之间缺乏感情基础的恋爱关系活脱画出，也为后来他们的离异埋下了伏笔、作了铺垫。

2.引申叉喻

理想中的留学回国，好像地面的水，化气升上天空，又变雨回到地面，一世的人都望着，说着。现在万里回乡，祖国的人海里，泡沫也没起一个——不，承那王主任笔下吹嘘，自己也被吹成一个大肥皂泡，未破时五光十色，经不起人一搠就不知去向。

用"地面的水化气升上天空"比喻留学为世人所仰视，用"水气变雨回到地面"比喻回国为世人所渴望，这是一个关于方鸿渐的"理想化"的明喻。然而实际上方鸿渐留学回国不但职业不容易找，而且恋爱也不容易成就，于是他发出了"泡沫也没起一个"的感喟。"泡沫"是"雨"落"海"中激溅形成的，是由前面的明喻引申出来的借喻。接着又由"泡沫"，引申出"肥皂泡"这个暗喻，意思是说，方鸿渐觉得自己就像经不起人一搠的五光十色的大肥皂泡一样，一旦骗局揭破就无地自容，立脚不住了。这个叉喻不仅表现出方鸿渐留学回国由志得意满到幻想破灭，由兴奋到气馁的心理过程，而且反映出理想和现实的矛盾和落差。

（四）套喻

1.总分套喻

把刺刀磨尖当笔，蘸鲜血当墨水，写在敌人的皮肤上当纸。

刺刀当笔，鲜血当墨水，敌人的皮肤当纸，是三个有密切内在联系的暗喻,它们共同组成一个复合比喻,那就是:中国人民决心用刺刀蘸鲜血谱写打击敌人保卫祖国的英雄乐章。这是作者借洛高之口壮怀激烈、慷慨激昂地唱出的抗战时期新的《满江红》!

2.杂合套喻

出洋好比种痘子,出痧子,非出不可。小孩子出过痧痘,就可以安全长大,以后碰见这两种毛病,不怕传染。我们出过洋,也算了了一桩心愿,灵魂健全,见了博士硕士们这些微生虫,有抵抗力来自卫。痘出过了,我们就把出痘这一回事忘了;留过学的人,也应该把留学这事忘了。象曹元朗那种人,念念不忘是留学生,到处挂着牛津剑桥的幌子,就像甘心出天花变成麻子,还得意自己的脸像好文章加了密圈呢。

这是作者借方鸿渐之口嘲讽当时中国的某些留学生不学无术、招摇撞骗的一个大比喻,其中包含着五个小比喻,一是将"出洋"比作小孩子"出痧痘",二是将留学归来的博士硕士们比作传染疾病的微生虫,三是用饭店旅舍的幌子来比喻世界著名大学牛津剑桥的文凭和徽章。四是用甘心出天花变成麻子来比喻某些留学生崇洋媚外,乐于佩戴外国大学的徽章,借以唬人和张扬。五是用加了密圈的好文章来比喻某些留学生的"麻脸",嘲讽不以为丑反以为荣的荒唐。这五个小比喻疏密相间、错综交织,对那些名为出国留学实为游山玩水、名为博士硕士实为镀金莲花的留学生们灵魂深处的隐秘、卑污和扭曲的心态逐层剥离,深入剖析,犹如庖丁解牛,细致入微,淋漓剔透!同时,这个大比喻还表现出方鸿渐不屑与曹元朗那种人为伍的些微清高和某种程度的玩世不恭。

二 奇

钱先生说:"不同之处愈大则相同处愈有烘托,分得愈开,则合得愈出意外,比喻就愈新奇,效果就愈高。"这就是说,如果能把距离较远的两种完全不同的事物作为喻体和本体放在一起构成比喻,因为这两种事物从表面上看起来似乎是风马牛不相及的,相似点较为隐蔽,读者一时很难发现它的存在,从而形成一定的阻拒性,就会改变人们一看便知的平淡无奇的心理状态,激发人们的情思和联想,进而体验一种从未体验过的新鲜奇美。他在《围城》的比喻创作中,充分运用了"奇化"手段,巧妙构成了四种"阻拒",从而使《围城》鬼斧神工、波谲云诡;"观古今于须臾,抚四海于一瞬"。

（一）时间阻拒

1.相隔数百年

桌子就像《儒林外史》里范进给胡屠户打了耳光的脸,刮得下斤把猪油。

用脸比喻桌子,已觉十分新鲜,而这脸又是明末小说里的人物的,相隔300多年,则更出人意料。这个关于"打耳光"的比喻强悍有力,不仅打了名不副实的"欧亚大旅社"一记耳光,而且打了标榜"科学管理"的国民党反动统治一记耳光。

2.相隔数千年

这不是吃菜,这像神农尝百草了。

从抗战时期的请客吃菜,一下子想到远古的神农尝百草,时间的隧道何其邈远,钱先生思接千载,又何其神速!这个比喻不仅表现出被请者唐晓芙含而不露的感激之情,而且从侧面反映出请客者方鸿渐的大方和盛情。

3.相隔数万年

这一张文凭,仿佛有亚当、夏娃下身那片树叶的功用,可以遮羞包丑,小小一方纸,能把一个人的空疏、寡陋、愚笨都掩盖起来。

用亚当、夏娃下身那片树叶比喻留学文凭,一为人类初始阶段的代用"衣物",一为半封建半殖民地社会的正式文凭,时间相隔万年,若非超越时空的大手笔,一般人怎敢问津?这个比喻把留学文凭可以遮羞包丑,掩盖空疏、寡陋、愚笨的消极功用方面凸显出来了。由此可见作者注重实学、轻贱虚名的品格之一端。

（二）地域阻拒

1.相隔都邑两地

结果先生不用学生厕所,而学生拥挤到先生厕所来,并且大胆吸烟解

秽,因为他们知道这是比紫禁城更严密的所在,在这儿各守本位,没有人肯管闲事或能摆导师架子。

用过去皇帝居住的紫禁城来比喻坐落在偏僻小邑的三闾大学的厕所,迢迢千里,相距甚远。这个程度不等的比喻粗看起来未免有伤大雅,有失体统,仔细推究作者的本意却正在于此:通过师生通用厕所来戒烟而适得其反的滑稽剧,辛辣地嘲讽了国民党政府教育部颁布并推行的所谓"新生活运动",同时有力地鞭笞了国民党政府首脑的所谓"新思想""新秩序"。

2.相隔日中两国

据说曹元朗在十五岁时早下决心不结婚,一见了苏小姐,十五年来的人生观像大地震时的日本房屋。

用大地震时的日本房屋的土崩瓦解来比喻一见了苏小姐"不结婚"的决心就烟消云散了、人生观发生了根本性变化的曹元朗,真是奇妙。而作者的神思远飏,由人生观想到房屋,由中国想到日本,"撮合茫无联系之观念,使千里来相会,得成配偶",更是绝伦!

3.相隔欧亚两洲

政治性的恐怖事件,几乎天天发生,有志之士被压迫得慢慢像西洋大都市的交通线,向地下发展……

用交通线比喻有志之士,使人莫名惊诧:一为有生命的人,一为无生命的物,而且是一中一西,相隔数万里,怎能联系得上呢?但"地下"一词作为谐音双关一经点出,人们不仅疑团冰释,而且不能不惊赞作者:视通万里,横无际涯!

4.相隔阴阳两界

他个人的天地忽然从世人公共生活的天地里分出来,宛如与活人幽明隔绝的孤鬼,瞧着阳世的乐事,自己插不进,瞧着阳世的太阳,自己晒不到。

用与活人幽明隔绝的孤鬼来比喻因恋爱失败而失魂落魄的方鸿渐,一阴一阳,两个世界,怎能随便颠倒?然而,作者正是通过这样的阴阳反差来表现方鸿渐对唐晓芙的感情的真挚、深厚而又炽烈、执着,得到爱情时欣喜若狂,失去爱情时痛不欲生!

(三)人物阻拒

1.以物喻人

(1)以物事喻人事

①以草虫类事喻人事

两个人在一起人家就要造谣言,正如两根树枝相接近,蜘蛛就要挂网。

两根树枝相接近,蜘蛛就要挂网,这是常见的自然现象;两个人在一起人家就要造谣言,这是常见的社会现象。二者虽同属"常见",但一般人熟视无睹,绝对想不到把自然现象和社会现象合成比喻,作者却发常人所未发,不能不令人拍案叫绝!

②以鸣禽类事喻人事

女人作诗,至多是第二流,鸟里面能唱的都是雄的,譬如鸡。

雌鸟不能唱,这是客观存在的生理现象,而女人作不出第一流的诗只不过是江南名士董斜川对妇女的歧视和偏见。董的比附不伦不类,实属荒唐,却反映出名士们的封建正统观念和狂傲不羁的性格。

(2)以物态喻人事

张太太上海话比丈夫讲得好,可是时时流露出本乡土音,仿佛罩褂太小,遮不了里面的袍子。

"遮不了里面的袍子"即露出里面的袍子,是物态;张太太的上海话里流露出本乡土音,是人事。因为有相似点"露",所以构成了比喻。这不是对本乡土音的鄙薄,而是对说话惯会拿腔作调、装腔作势的买办张太太的绝妙讽刺。

(3)以物事喻人情

她的平淡,更使鸿渐疑惧,觉得这是爱情超热烈的安稳,仿佛飓风后的海洋波平浪静,而底下随时潜伏着汹涌翻腾的力量。

用飓风后的海洋比喻苏小姐的平淡并不出奇,但以表面上"波平浪静"而底下随时潜伏着汹涌翻腾的力量来譬况"爱情超热烈的安稳",随时都有失控行为发生的可能,不能不使人钦佩作者深刻的洞察力和丰富的想象力。

(4) 以物理喻人情

① 以自然现象喻人情

老头子恋爱听说像老房子着了火,烧起来没有救的。

人的感情行为怎能同事物的物理变化相类比呢?可作者偏用"老房子着火"比喻"老头子恋爱"。一个"老"字领起了一物一人:唯其"老",木料才干透了;唯其"老",人才格外渴求爱,因而这两种"火"都是"烧起来没有救的",于是恰成妙喻。真是"物虽胡越,合则肝胆"啊!

② 以社会现象喻人情

那时候苏小姐把自己的爱情看得太名贵了,不肯随便施与。现在呢,宛如做了好衣服,舍不得穿,锁在箱子里,过一两年忽然发现这衣服的样子和花色都不时髦了,有些自怅自悔。

用"做了好衣服舍不得穿,锁在箱子里"比喻"把自己的爱情看得太名贵了,不肯随便施与",一为普遍存在的社会现象,一为心高气傲女性的特殊心理,二者本不容易联系得上,但作者给它们加上了时间条件——"过一两年",再点明相似点——都"有些自怅自悔",于是也就连缀成喻了。

③ 以生理现象喻人情

这春气鼓动得人心像婴孩出齿时的牙龈肉,受到一种生机透芽的痛痒。

"婴孩出齿时的牙龈肉"和"人心",虽同为人体的组成部分,但一外露,一内藏,一无灵性,一有灵性,本无可比,然而作者用"生机透芽"描状前者,用"春气鼓动"描状后者,"春气"即"生机","鼓动"即"透芽",于是二者也就心有灵犀一点通,融会成一个绝妙的比喻了。

(5) 以物态喻人情

① 以无生命类物态喻人情

心里又生希望,像湿柴虽不着火,而开始冒烟,似乎一切会有办法。

希望本来是观念形态的东西,无所谓有,也无所谓无的,但作者以"湿柴虽点不着火,而开始冒烟"作比,把方鸿渐失业又离婚,似乎走投无路,却又拍电报给赵辛楣,准备去重庆再谋出路的一线希望物质化了,使读者感到希望不再是虚无缥缈的海市,而是实在可居的楼宇了。

②以有生命类物态喻人情

苏小姐知道他在看自己,回脸对他微笑,鸿渐要抵抗这魅力的决心,像出水的鱼,头尾在地上拍动,可是挣扎不起。

方鸿渐因为在心底已深深地爱上唐晓芙,所以想要抵抗苏小姐的魅力的诱惑,但这个决心是欲下而又难下的。这种心态和情状是颇难形容的,而作者却信手拈来,以"头尾在地上拍动,可是挣扎不起"的"出水的鱼"作比,形象而又生动。它不仅反映出方鸿渐心理上的矛盾和斗争,而且反映出方鸿渐性格上的懦弱和优柔寡断。

③以仿生类物态喻人情

方鸿渐把这种巧妙的词句和精密的计算来抚慰自己,可是失望、遭欺骗的情欲、被损伤的骄傲,都不肯平伏,像不倒翁,捺不下又竖起来,反而摇摆得厉害。

不倒翁是仿人制作的一种玩具,特点是"不倒"——"捺不下又竖起来"。作者用它来比喻方鸿渐当时的矛盾心理,生动而形象,立刻使读者想象出被逢场作戏、玩弄感情的鲍小姐甩了之后的方鸿渐的痛苦和怨愤:遭欺骗,被伤害,陷入失望,却又不甘心;不甘心,却又无可奈何。真是"捺不下又竖起来",俨然"不倒翁"!

(6)以物态喻人态

①以听觉形态喻视觉形态

方鸿渐看唐小姐不笑的时候,脸上还依恋着笑意,像音乐停止后袅袅空中的余音。

用音乐停止后袅袅空中的余音比喻唐小姐脸上依恋的笑意,是比喻,也是通感。脸上依恋的笑意是意象性的视觉形象,颇难形容,作者巧借袅袅空中的余音,把这种感觉加以转换,使读者由"绕梁三匝,三日不绝"的听觉形象作帮衬,回过头再去体味那视觉形象,于是颇难形容的问题也就化解了。

②以视觉形态喻视觉形态

到第二星期,他发现五十多学生里有七八个缺席,这些空座位像一嘴牙齿忽然掉了几枚,留下的空穴,看了心里不舒服。

用"空穴"喻"空座",相似点取"空",然而一大一小,一人一物,相距甚远,难以成比。为此,作者又取了第二个相似点,即这些空穴是一嘴牙齿忽然掉了几枚留下的,和学生缺席留下的空座一样,都使人"看了心里不舒服",于是二者也就珠联璧合了。

③以自然形态喻社会形态

汪处厚在外面只听得笑声不绝;真是"有鸡鸭的地方,粪多;有年轻女人的地方,笑多"。

有鸡鸭的地方粪多,是司空见惯的自然现象;有年轻女人的地方笑多,是不容否认的社会现象。以鸡鸭喻女人,以粪多喻笑多,显见贬义,意在嘲讽"花瓶"汪太太和"三民主义老小姐"范懿,虽非形同鸡鸭,臭不可闻,却也貌似幸福快乐,实则空虚无聊、近似变态。

(7)以物用喻人态

①以果蔬喻人形貌

天生着一般女人要花钱费事、调脂和粉来仿造的好脸色,新鲜得使人见了忘掉口渴而又觉嘴馋,仿佛是好水果。

好水果和好脸色,一物一人,本不相干,但作者以"新鲜"为相似点,就把二者连缀起来了。唐小姐的好脸色不是一般的新鲜,而是天生丽质无雕饰的新鲜,是使人见了忘掉口渴而又觉嘴馋的好水果的新鲜,所以可以说,这个比喻是对"秀色可餐"的具象化的解释,寥寥几笔就把唐晓芙质朴无华、清纯艳美的诱人风采点染摹状出来了。

②以器具喻人情态

惊骇象牙医用的口撑,教她张着嘴,好一会上下颚合不拢来。

"惊骇"是人的一种动作情态,"口撑"是一种工具器物,以口撑喻惊骇,似乎风马牛不相及,但两者的作用都是"教她张着嘴",这一点犹如对开柜门把手一样被作者拽住并拉到一起了。这个比喻表现出范小姐对赵辛楣的估价和期望值很高,因而对其关于话剧问题的无知妄答缺乏思想准备,感到惊异和失望。

(8)以物候喻人情

她跟辛楣的长期认识并不会日积月累地成为恋爱,好比冬季每天的气候罢,你没法把今天的温度加在昨天的上面,好等明天积成个和暖的春日。

谁也不能把今天的温度加在昨天的上面,积成一个和暖的春日,这是具有普遍性的自然法则;苏文执和赵辛楣不会日积月累地增进感情以至恋爱,这是人类感情的特殊性。以自然物候喻人类感情,以普遍喻特殊,岂不谬哉?但作者抓住了对它们两者来说时间因素都不起作用这根牛鼻绳,把它们牵拉到一起了,非但未使人觉得过于牵强,反倒使人觉得理所应当。由此可见,作者"牵引"之伟力,非常人可比!

(9)以天球喻人形象

想到这里,鸿渐顿足大笑,把天空月亮当作张小姐,向她挥手作别。

天空中的月亮冷冰冰,缺乏热情和温柔;而且高高在上,俯瞰众生,使人可仰止而不可登攀。作者用它来比喻择婿甚严、过分挑剔的"我你他"小姐是再恰当也没有的了。这个比喻不仅表现出方鸿渐对高傲无情的张小姐的鄙弃,而且表现出他鄙视买办、不甘流俗的"战前读书人的标劲"。

2.以人形喻物

(1)以人喻物

①以人体喻食物

旁边一碟馒头,远看也像玷污了清白的大闺女,全是黑斑点,走近了,这些黑点飞升而消散于周遭的阴暗之中,原来是苍蝇。

用人来比喻馒头,我们很难找到二者的相似点,而作者以被玷污了清白的大闺女来比喻落满苍蝇的馒头,使我们觉得新奇而又贴切,作者鄙弃厌恶之情流于笔端。这个比喻不啻电影镜头,把抗战时期鹰潭一家小店脏乱差情况曝了光,使人们由此一斑窥见了国民党反动统治"政绩"之全豹。

②以人态喻星球

一梳月亮形容未长成的女孩子,但见人已不羞缩,光明和轮廓都清新刻露,渐渐可烘托夜景。

形容月亮,有用镰、钩、梳、镜、钲、船作喻的,但罕见以人设喻的,而作者用形态容貌未长成的女孩子比喻月亮,出人意料,把无生命的月亮写活了,

使人感到它不但清新纯洁,而且活泼可爱。这既是比喻,也是拟人,似可算作兼格。

（2）以人事喻物

电话是偷懒人的拜访,吝啬人的通信,最不够朋友。

这里所说的"电话"其实并非指某种特定通信工具,而是指某种特定通信的行为方式。意思是偷懒人打电话省得拜访,权当拜访;吝啬人打电话省得通信,权当通信。如此偷懒和吝啬,对亲友来说极不应该,所以说它:最不够朋友。这个由两个暗喻构成的博喻,和其后方鸿渐所说的"电话可以省掉面目可憎者的拜访,文理不通者的写信"互为表里、相辅相成,是唐晓芙在特定情况下对现代化通信工具及方式所作的有失偏颇的评价,反映出唐和方热恋时希望能经常见面的特定心理和炽烈感情。

鱼肝油丸当然比仁丹贵,但已打开的药瓶,好比嫁过的女人,减低了市价。

用女人来比方药瓶,实为奇喻,但一个是"嫁过的",另一个是"打开的",且都减低了市价,这就使它们有了共同语言,于是也就联袂成喻了。这个比喻披露出市侩文人李梅亭专打个人小算盘,根本不讲同事情谊,准备以打开瓶的鱼肝油丸冒充未启封的仁丹给同行患病的孙小姐服用的卑污心理和商贾作风。

3.物物阻拒

（1）以自然物喻自然物

冬天的溪水涸尽,溪底堆满石子,仿佛这溪新生下的大大小小的一窝卵。

用"卵"比喻"石子",一个包蕴生机,一个断无生理,正所谓"鸡蛋在一定温度下能孵出小鸡,而石头无论怎样也孵不出小鸡";一个易于破裂,一个坚不可摧,正可谓"不能以卵击石"。二者的性质如此不同,怎能成比? 然而一经作者揭示出特定条件,于是就点石成"卵"了:位于"溪底"的石子久经冲击搓磨成圆形,岂不像"卵";时值"冬天",溪水涸尽,水落石出,岂不是"新生下"的吗!

（2）以人工物喻人工物

写好信发出，他总担心这信像支火箭，到落地时，火已熄了，对方收到的只是一段枯炭。

把"信"比作"火箭"，又把"火箭"比作"枯炭"，无论是性质、状态，还是质料、功能，都如山相隔，难以接轨，但作者赋予特定人物以特定心理的"风镐"，于是就凿通了比喻的"隧道"：方鸿渐和唐晓芙谈恋爱，写信时热情奔放，像火箭发射，但又唯恐词不达意，对方收到信时看不到这种热情，就像火箭熄火变成枯炭。这是个夸饰性的比喻，它渲染出方和唐初恋时炽烈、纯真的感情和热切、焦灼的心态。

4.人人阻拒

（1）以人事喻人情

这种精神上的顾影自怜使他写自传，写日记，好比女人穿中西各色春夏秋冬的服装，做出支颐扭颈、行立坐卧种种姿态，照成一张张送人留念的照相。

女人穿各色服装，做种种姿态照相，为的是"送人留念"；而方鸿渐写自传写日记，无非是给天下后世看他怎样教子有方。形式虽然不同，但目的却大体一致，都表现出精神上的"顾影自怜"——自我感觉良好。这个比喻是"方鸿渐的父亲"式的封建士绅自我欣赏心态的写照，也是对自命风雅清高而又不甘寂寞的方遁翁的嘲讽。

（2）以人情喻人事

鸿渐道："我发现拍马屁跟恋爱一样，不容许有第三者冷眼旁观。"

恋爱是男女之间互相爱慕的行动表现，是圣洁的；而拍马屁则是为达到某种不可告人目的而谄媚逢迎的行为表现，是卑鄙的。从表面上看，用恋爱比喻拍马屁有点不伦不类，似乎亵渎了感情，其实不然。这是因为，作者仅就"不容许第三者冷眼旁观"这一相似点而言，未及其余。这个比喻的言外之意，是说方鸿渐、赵辛楣冷眼旁观李梅亭、顾尔谦，把他们拍马屁的丑恶嘴脸看得一清二楚。

（3）以人事喻人事

隐约还有些事实的影子，但好比在热闹地方等人，瞥眼人堆里像是他，走上去找又不见了。

"在热闹地方等人"是一般人都有过的经历，但以此来比喻"拼命追忆""隐约还有些事实的影子"是一般人绝难想象得到的，然而作者抓住了"像是而又不是"这个相似点巧妙设喻，却又使人觉得：既出乎意料之外，又在情理之中。这个比喻把方鸿渐在家乡中学讲演，因找不到事先准备好的稿子而不得不"拼命追忆"时的张皇、窘迫描状出来了，为他在其后信口开河、闹出关于鸦片和梅毒两个大笑话作了铺垫。

（4）以人情喻人情

他全无志气，跟上甲板，看他们有说有笑，不容许自己插口，把话压扁了都挤不进去，自觉没趣丢脸，像赶在洋车后面的叫花子，跑了好些路，没讨到一个小钱，要停下来却又不甘心。

用"赶在洋车后面的叫花子"比喻跟在鲍、苏两位小姐后面的归国留学生方鸿渐，虽同是"跟在后面"，但贫富迥异，终难成比，然而一经作者点化出另一个相似点，读者就豁然开通了：叫花子跑了好些路，没讨到一个小钱，要停下来却又不甘心，不正像方鸿渐"把话压扁了都挤不进去，自觉没趣丢脸"，却又不甘心吗？两个人都是"不甘心"，真是惟妙惟肖！这个比喻把方鸿渐既保有一定的自尊心而又全无志气的矛盾心态表现得淋漓尽致！

5.物时阻拒

觉得剩余的今夜，只像海水浴的跳板，自己站在板的极端，会一跳冲进明天的快乐里，又兴奋，又战栗。

"跳板"是器具，"今夜"是时间，以器具喻时间，实属罕见，而相似点又不取"得力的借助物"，就更为奇特。然而，二者有着相同的情境：冲过"跳板"就是海水的拥抱，度过"今夜"就是快乐的明朝；对此，当事人又有着一样的心情：既兴奋，又战栗。作者瞄准了这个相似点，慧眼出喻，把方鸿渐虚应故事的一吻带给苏文纨的快乐加以夸张渲染，用来和真相揭开后苏文纨的愤怒进行对比，从而造成强烈的反差效果。

（四）虚实阻拒

1.以实喻虚

（1）以人之实喻人之虚

方鸿渐洗了澡，回到舱里，躺下又坐起，打消已起的念头，仿佛跟女人怀孕要打胎一样的难受。

"女人怀孕要打胎"和"打消已起的念头"，一实一虚，难以成比，但作者偏能突发奇想，把它们捉对儿拉到一起，用"难受"这个相似点加以联结，使读者觉得真亏作者想得出，真是奇思遐想，妙不可言！这个比喻虽然简短，却把方鸿渐想用理智控制感情而又禁不住鲍小姐诱惑的复杂矛盾的心态描状出来了。

（2）以物之实喻人之虚

一句话的意义，在听者心里，常像一只陌生的猫到屋里来，声息全无，过一会儿"喵"一声，你才发觉它的存在。

"一只陌生的猫"刚到屋里来，你不会留意到它，过一会儿，它叫唤一声，你才发觉它的存在，这是一般人都有过的体验：一句话初听时并未留意，过一会儿，它的意义才在你意识里如梦方醒。然而，把这一实一虚两种体验放到一起，加以比附，却是见所未见、闻所未闻的。这是作者的独特发现和奇妙联想。这个比喻把方鸿渐初听孙小姐"我也有事到这儿来"这句话并未留意，后来忽然想到"也许她是看陆子潇来的"，于是产生了嫉妒的潜意识作用形象化、规律化了。

2.以虚喻实

褚哲学家害馋痨地看着苏小姐，大眼珠仿佛哲学家谢×的"绝对观念"，像"手枪里弹出的子药"，险的突破眼眶，迸碎眼镜。

哲学家谢林的"绝对观念"是主观意识，而自诩为哲学家的褚慎明的"大眼珠"是客观存在，以虚喻实，极为罕见。但我们只要仔细想一想，就会悟出："绝对观念"和褚"大眼珠"不都是"一动也不动，一点变化也没有"的吗？何其相似乃尔！作者正是抓住了这个相似点，才反喻道而喻之的。这个比喻不仅描绘出褚慎明表面道貌岸然,实则男盗女娼的色狼相,而且也嘲弄了哲学家谢林的绝对观念的荒谬性。

三　雅

文学是人学。文学修辞所使用的千千万万个喻体,如果离开了人,离开了人物的身份、特征与具体特定的环境气氛,其联想就失去了合理性,比喻也就失去了贴切感。《围城》是"写现代中国某一部分社会,某一类人物",即混迹于有闲阶级上层社会的知识分子人物的。钱先生以他独领喻苑的超凡笔力,描摹出众多栩栩如生的知识分子形象,他们的一颦一笑、一举一动,无不切合知识分子的身份特征和环境气氛,文学色彩和书卷氛围很浓,情趣雅致,绝无卑俗。

这种书、这等人物,文化层次低的人可能无法卒读,甚或弃如敝屣,而文化素养较高的读者,却可能各自从中瞥见自己灵魂的侧影,情趣相投,爱不释手,正所谓"文章做与读书人看,故不怪其深""诗有出典,给识货人看了,愈觉得滋味浓厚,读着一首诗就联想到无数诗来烘云托月"。

这种雅趣除了表现在用词准确、精练、深奥、典雅方面外,更主要的是还和比喻中大量引用本国诗词语句、成语典故,广泛吸收外国箴言哲理、寓言故事等有关;而且引入文中绝无生涩之感,恰如水中着盐,但知盐味,不见盐质。

(一)国语集萃

1.诗词语句

斜川笑道:"别胡闹,我对教书没有兴趣。'若有水田三百亩,来年不作猢狲王';你们为什么不陪我到香港去找机会?"

"若有水田三百亩,来年不作猢狲王"是引用之中包含着借喻——"猢狲王",这两句诗不禁使人们想起了"家有二斗粮,不当孩子王"的乡谈口碑,它不仅表明了江南名士董斜川的诗人身份、气质和志趣,而且活画出他骄矜自夸、好在人前卖弄的性格特征。

那女同志跟她的男朋友宛如诗人"尽日觅不得，有时还自来"的妙句，忽然光顾……

如此妙句不禁使人们想起夏元鼎的诗句："踏破铁鞋无觅处，得来全不费工夫。"想起辛弃疾的词句："众里寻他千百度，蓦然回首，那人却在灯火阑珊处。"用诗人"尽日觅不得，有时还自来"的妙句来比喻左等不来右等也不来而又忽然光顾的"那女同志跟她的男朋友"，不仅把被困在旅店、想要取保提款的方鸿渐一行人等急切、焦虑忽又惊喜的心情暗示出来了，而且"尽日觅不得，有时还自来"这两句诗还反映出诗歌乃至整个文艺作品创作的特殊规律。这种规律是一般人很难体会得到的，是谓雅趣。

（曹元朗）一向致力新诗，没留心到元微之的两句"曾经沧海难为水，除却巫山不是云"，后悔不及。苏小姐当然以为看中自己的人，哪能轻易赏识旁的女人？

引用元稹《元氏长庆集·离思》的有名诗句借喻赵辛楣，既然爱上过苏小姐，就不会再爱别的女人；不落任何痕迹，自然而又典雅。从表面上看，这是写小胖子大诗人曹元朗高兴头上的疏失，实际上却是写苏小姐孤芳自赏、目中无人的骄矜。

2. 成语典故

总而言之，批分数该雪中送炭，万万不能悭吝——用刘××的话说："一分钱也买不了东西，别说一分分数！"——切不可锦上添花，让学生把分数看得太贱，功课看得太容易——用刘××的话说："给穷人至少要一块钱，那就是一百分，可是给学生一百分，那不可以。"

"雪中送炭"和"锦上添花"是两个程度不同的褒义成语，作者把它们分别用作借喻，即对坏卷子要像"雪中送炭"那样，分数要批得宽；而对好卷子不要像"锦上添花"那样，分数要批得严，这既表现出外语系主任刘××的教学经验和老谋深算，又显示出作者对学校中师与生、教与学关系的洞察入微和深刻剖析。

方遯翁日记上添了一条，笑儿子要做"不食周粟"的伯夷叔齐。

"不食周粟"的伯夷、叔齐是《史记·伯夷列传》记载的两个历史人物。

用宁肯饿死在首阳山而不肯吃周天子的粮食的伯夷、叔齐来借喻不吃挂名岳丈周经理家送来的四色路菜的方鸿渐,这既嘲弄了方鸿渐皮里阳秋笔法的"大而无当"和"高人一等"的虚妄,赞扬了方鸿渐初涉社会、不谙世事的疏狂和"牛性",也表现出作者学识的渊博和讽喻的机巧。

3.文言雅语

她那样肥硕,表示这店里的饭菜也营养丰富;萧掌柜坐着,算得不落言诠的好广告。

用"好广告"来比喻"肥硕"的饭店老板娘,颇富新意,但"不落言诠"有些费解,"不落言诠"语出《沧浪诗话》,意思是说得其意思于迹象之外;"不落言诠的好广告"用现在的话来说,"是不用只字片语的广告",也就是"活广告",作者在这里不说"活广告",而说"不落言诠的好广告",是因为这是用方鸿渐等人的眼光来观察并用他们熟悉的语言来评说的。这样做的结果不但没有影响表达效果,反倒增强了语含嘲讽的文学情趣。

四十开外的人,头发当然半秃,全靠这几根胡子表示老树着花,生机未尽。

"老树着花"使人蓦然忆起宋初梅圣俞的写景名句"野凫眠岸有闲意,老树著花充丑枝",又复忆起今人沈尹默的哲理名句"苍龙日暮还行雨,老树春深更着花","老树着花"表示生机未尽,借喻中文系主任汪处厚留胡子,而汪处厚留胡子不但说明他和一切官僚、强盗、赌棍、投机商人一样相信命运,而且活画出他一心想当官,因而连当时做官的人为表身份而留胡子的做法都要仿效的东施丑态。

4.专门术语

(1)军事政治

她更担心败走的偏是方鸿渐;她要借赵辛楣来激发方鸿渐的勇气,可是方鸿渐也许像这几天报上战事消息所说的,"保存实力,作战略上的撤退。"

"保存实力,作战略上的撤退",这是国民党反动政府对其军队在抗日战场上节节败退的掩饰,是对全国日益高涨的爱国情绪的欺骗。以此来比喻方鸿渐处处退避,不和赵辛楣争风吃醋,貌似而神非,实际上方鸿渐是另有所爱,这个比喻不仅表现出苏文纨对方鸿渐的心理分析和判断的失误,而且嘲讽了国民党反动派真反共、假抗日的卖国行径。

可是高松年不肯放松他,函电络绎的请他,他大前天从苏小姐处奉到遣散命令,一出来就回电答应了。

"遣散"原指旧时机关、团体、军队等改组或解散时,将人员解职或使退伍。在这里作者用"奉到遣散命令"来借喻赵辛楣向苏文纨求婚遭到拒绝,饶有风趣。它不仅揭示出赵辛楣答应高松年聘请之原因,而且表现出赵辛楣遭到拒绝的失意和苏文纨面对众多追求者的夸傲。

(2)科教方面

不幸的是科学家像酒,愈老愈可贵,而科学像女人,老了便不值钱。

酒是越陈越老越好,用酒比作科学家,是说科学家年岁越大,弟子越多,成果越丰,地位越高,权威越大;女人是越年轻越漂亮越好,用女人比喻科学,是说科学研究和科研成果越新越领先越好。在这里作者是借这个比喻讥讽三间大学校长高松年奢望从当大学校长开始他的政治生涯,可始终未爬上去,是个只能笼统称呼的所谓的"老科学家",虽"老"而不"可贵"。

据说"女朋友"就是"情人"的学名,说起来庄重些,正像玫瑰花在生物学上叫"蔷薇科木本复叶植物"或者休妻的法律术语是"协议离婚"。

用"蔷薇科木本复叶植物"(就是玫瑰花)、"协议离婚"(就是休妻)来比喻"女朋友"(就是情人),都是名异而实同,即同一种事物或行为的两种不同的称名;前者都是学名(或术语),"说起来庄重些"。这是方鸿渐在归国途中陪苏小姐在香港游玩以前的认识。这种认识,即"女朋友就是情人"说明方鸿渐虽是归国留学生,在恋爱上却是初出茅庐的小学生,这为方鸿渐后来对苏小姐的认识的转变作了铺垫。

一切图书馆本来像死用功人大考时的头脑,是学问的坟墓;这图书馆倒像个敬惜字纸的老式慈善机构,若是天道有知,办事人今世决不遭雷打,来生一定个个聪明,人人博士。

用死用功人大考时的"头脑"、学问的"坟墓"和敬惜字纸的"老式慈善机构"等喻体来集中比喻图书馆这一个本体,意在说明一切图书馆只要不充分合理地加以利用,就没有什么实际价值,而三闾大学的图书馆尤其是这样,简直是一个包括字纸在内什么都容留的老式慈善机构。这个比喻不但把方鸿渐初到三闾大学改教伦理学而又找不到教科书和参考书的困窘预示出来,而且把战时后方教育落后的状况之一斑昭示于众,讥讽之意显而易见。

(二)他山之玉

1.箴言哲理

从恋爱到白头偕老,好比一串葡萄,总有最好的一颗,最好的只有一颗,留着做希望多么好?

喻体"一串葡萄"颇为费解,必须联系上文才能贯通。上文是方鸿渐在伦敦上道德哲学课时一位山羊胡子的哲学家讲的话:"天下只有两种人,譬如一串葡萄到手,一种人挑最好的先吃,另一种人把最好的留在最后吃。按照惯例第一种人应该乐观,因为他每吃一颗都是吃剩的葡萄里最好的;第二种人应该悲观,因为他每吃一颗都是吃剩的葡萄里最坏的。不过事实上适得其反,缘故是第二种人还有希望,第一种人只有回忆。"哲学家原来是用一串葡萄的两种吃法来说明两种人的生活态度,是带有规劝意味的箴言,而作者在这里是用吃葡萄来比喻方鸿渐对从恋爱到白头偕老这段人生旅途应当如何度过的想法,即希望留着情感发展的余地,这为孙柔嘉的误解和不快作了铺垫。

慎明道:"关于 Bertie 结婚离婚的事,我也和他谈过,他引一句英国古话,说结婚仿佛金漆的鸟笼,笼子外面的鸟想住进去,笼内的鸟想飞出来;所以结而离,离而结,没有了局。"

"结婚仿佛金漆的鸟笼……"这是一个包含人生哲理的比喻:没结婚的想要结婚,结了婚的又闹离婚,不正像笼外的鸟想住进去,笼内的鸟想飞出来吗?真是惟妙惟肖、蕴藉深厚的绝妙好喻!它启示我们:凡事都不要过分理想化,不要奢望完美无缺,因为金无足赤人无完人,所以不能求全责备,更不能失望灰退;人生需要的是不断地追求,不停地进取,不懈地奋斗。这是作者借褚慎明和罗素之口用比喻表示出来的对人生的一种看法,对世人的一种劝勉;这是《围城》的点题之笔、点睛之笔!

2.寓言故事

父母兄弟不用说,朋友要绝交,佣人要罢工,只有太太像荷马史诗里风神的皮袋,受气的容量最大,离婚毕竟不容易。

古希腊神话荷马史诗《奥德赛》里风神的皮袋,里面装着各路大风,受气的容量最大,作者以此来比喻方鸿渐的太太孙柔嘉,意思是说,方鸿渐发现对任何人发脾气都不能够像对太太那样痛快,太太就是自己的出气筒,这说明鸿渐柔嘉两人新婚宴尔回到上海左右为难、受足了气,只好在彼此身上出气,这预示着方孙二人后来的离散。

西洋赶驴子的人,每逢驴子不肯走,鞭子没有用,就把一串胡萝卜挂在驴子眼睛之前,唇吻之上。这笨驴子以为走前一步,萝卜就能到嘴,于是一步再一步继续向前,嘴愈要咬,脚愈会赶,不知不觉中又走了一站,那时候它是否吃得到这串萝卜,得看驴夫的高兴。一切机关里,上司驾驭下属,全用这种技巧;譬如高松年就允许方鸿渐到下学年升他为教授。

用西洋赶驴人以胡萝卜诱使蠢驴赶路的故事,比喻三闾大学校长高松年允诺方鸿渐下学年升他为教授的驾驭技巧。这个比喻不仅活画出高松年校长的政客嘴脸和市侩手段,而且披露出国民党政府不讲信义、只靠欺骗的施政真相,启示当时的人们:不要轻信政府机关的虚诺和谎言,不要上当受骗!

(三)中西合璧

1.各自独立

他深知自己写的英文富有英国人言论自由和美国人宣言独立的精神,不受文法拘束的,不然真想仗外国文来跟唐小姐亲爱,正像政治犯躲在外国租界里活动。

用英国人自由的言论和美国人的独立宣言来比喻方鸿渐自己写的不受文法拘束的英文,没用"像"而用"有",形式较特殊,但比喻的意思很明显;用政治犯躲在外国租界里活动来比喻方鸿渐想仗外国文来跟唐小姐亲爱,形式平普,但意比天渊,各不相干。前一个比喻讽刺方鸿渐在欧洲留学多年却连谈情说爱的英文信都写不通,真个是变"留学"为"游学"而又为"白学";后一个比喻则描摹方鸿渐觉得中国文言语气生分、白话语气讨厌,希望借英文直抒胸臆而又不可得的忏悔心态。

2.融为一体

> 买张文凭去哄他们,好比前清时代花钱捐个官,或英国殖民地商人向帝国府库报效几万镑换个爵士头衔,光耀门楣,也是孝子贤婿应有的承欢养志。

前清时代花钱捐个官,或英国殖民商人向帝国府库报效几万英镑换个爵士头衔,简言之:卖官鬻爵。这是政治腐败的表征,古今中外概莫能外。用这两个喻体来比喻买文凭一个本体,意思是说,连官都可以买,连爵都可以换,买文凭有什么了不得? 再说,买文凭是为了光耀门楣,为了承欢养志,又有什么不对? 这个博喻反映出方鸿渐原本不愿买假文凭当骗子,但又信奉"撒谎欺骗有时并非不道德"的哲学,认为不得已而为之,不仅无害,反有特殊作用,这完全是自欺欺人、自我开脱!

四　谑

谑者,戏谑笑傲之谓也,其中饱蕴幽默和讽刺。所谓幽默,是为有趣或可笑而意味深长;所谓讽刺,是用嘲讽讥刺的笔法描写敌对的或落后的事物,突出它的矛盾所在或可笑之处,使其无可隐遁,从而达到否定或贬斥的效果。幽默常夹讽刺,讽刺又须幽默。幽默能引发会心的微笑,讽刺可激起捧腹的大笑,笑的烈火能烧灼丑恶,笑的清泉可洗涤卑污。

正如吴敬梓"秉持公心,指摘时弊,机锋所向,犹在士林;其文又戚而能谐,婉而多讽";钱先生以他独特的幽默笔调、犀利的讽刺笔锋,对当时的政治经济和文化教育领域,对官场和洋场人物,尤其是对他所描写的那一部分上层知识分子灵魂的卑污、猥琐和精神的困顿、颓靡,嬉笑戏谑,冷嘲热讽。这不仅在客观上给我们描绘了一个即将崩溃的社会的黯淡长卷,而且在对腐朽丑恶事物的辛辣嘲讽和无情鞭挞里,我们看到了一个正直爱国的知识分子对进步思想和理想生活的向往和追求。

按戏谑笑傲的对象,可分为官僚政客、买办洋奴、知识阶层、殖民主义者和脏乱环境五类。

(一)官僚政客

鸿渐暗笑女人真是天生的政治家,她们背后彼此诽谤,面子上这样多情,两个政敌在香槟酒会上碰杯的一套工夫,怕也不过如此。

从表面上看,作者是用政治家来比喻女人:范小姐尽管在背后诽谤孙柔嘉,却去送别并祝福孙柔嘉,就像两个政敌在香槟酒会上碰杯。然而,实际上作者的真实意图似乎是以女人来比喻政治家,讽刺他们在酒会上满面春风、热情碰杯,而在暗地里则是互相攻讦、彼此倾轧,一个个像是乌眼鸡,恨不得一个吞吃了另一个。

她眼睛并不顶大,可是灵活温柔,反衬得许多女人的大眼睛只像政治家讲的大话,大而无当。

与其说许多女人的大眼睛像政治家讲的大话,不如说政治家讲的大话像许多女人的大眼睛。大眼睛和大话的相似点是"大而无当",意即虽然大但不合用。在这里作者一方面是赞美唐晓芙的眼睛,另一方面则是借题发挥,意在贬斥当时的政治家即政客:他们虚浮张扬,哗众取宠,乱开支票,随便许诺;他们的话无法落实,不能兑现,纯粹是骗人的谎话!

那种抱政治野心的人最靠不住,捧他上了台,自己未必有多大好处;仿佛洋车夫辛辛苦苦把坐车人拉到了饭店,依然拖着空车子吃西北风,别想跟他进去吃。

用"坐车人"借喻要做文学院长的中文系主任汪处厚为主,用"洋车夫"借喻有被汪处厚收罗的资格的方鸿渐为辅,糅作喻体,构成了一个大比喻:就像坐车人叫洋车夫拉他到饭店吃西餐,他却让洋车夫喝西北风一样。汪处厚之流抱政治野心的人,你捧他上了台,他不仅不会捧你上台,反倒可能踢你一脚,所以说"最靠不住"。"最靠不住"是抗战时期国统区人民从痛苦的实践中对国民党政府首脑作出的政治结论、投下的不信任票!

世界上大事情可以随便应付,偏是小事倒丝毫假借不了。譬如贪官污吏,纳贿几千万,而决不肯偷人家的钱袋。

贪官污吏决不肯偷钱袋,是因为钱袋不值得偷,而且有被警察抓捕的危险;而纳贿几千万元,不仅数目可观,而且安全。正所谓"窃国者侯,窃钩者诛"。作者以此来比喻"世界上大事情可以随便应付,偏是小事倒丝毫假借不了",新奇而又确当,不仅把方鸿渐自己"在大地方已经玩世不恭,倒向小节上认真"的矛盾可笑描画出来,而且蕴含着深刻的讽刺力量,矛头直指国民党反动统治的黑暗和腐败。

久而久之,到了镇上,投了村店,开发了车夫,四个人脱下鞋子来,上面的泥就抵得贪官刮的地皮。

这是说方鸿渐等一行四人在赴三闾大学途中夜里冒雨赶路,每个人的鞋子都沾满了厚厚一层泥,但作者不直说泥有多么厚,而用"贪官刮的地皮"来打比方,这既是夸张,又是较喻。从表面上看说的是鞋上的泥,凸显的是旅途的艰难,实际上却又巧妙地抨击了国民党政府搜刮财物、鱼肉人民的罪恶行径。

亏得做官的人栽筋斗,宛如猫从高处掉下来,总能四脚着地,不致太狼狈。

传说一猫九命,摔而不死;而官老爷们一上任就把上下进退的路铺好了,所谓狡兔有三窟,所以总可以转圜回旋,能永远立于不败之地,二者性质不同而又有相似点。然而把做官的人比作猫,未免有伤大雅,但我们又十分清楚:作者是蓄意要伤做官的人的大雅的。这个比喻是就汪处厚被人弹劾,督军署的秘书官做不成了,又由汪次长介绍来三闾大学当中文系主任这件事,有感而发的,它把当时国民党政府所有"做官的人"栽筋斗而摔不坏的"猫本领"描摹出来了。

(二)买办洋奴

1.买办嘴脸

他并无中文难达的新意,需要借英文来讲;所以他说话里嵌的英文字,还比不得嘴里嵌的金牙，因为金牙不仅妆点，尚可使用，只好比牙缝里嵌的肉屑，表示饭菜吃得好，此外全无用处。

"他"系指想要招赘方鸿渐做上门女婿、在美国花旗洋行做了20多年买办的张先生，他不仅假装斯文、附庸风雅，而且说话总是极力模仿外国人，结果弄得汉英混杂，不伦不类。在这里作者先用"嘴里嵌的金牙"，后用"牙缝里嵌的肉屑"，来较喻"他说话里嵌的英文字"，讥诮它比不得金牙，只好比肉屑，而肉屑除了"表示饭菜吃得好，此外全无用处"，活画出张先生不以"买办"为耻、反以为荣的洋奴嘴脸。

2.洋奴心理

只有国文是国货土产，还需要外国招牌，方可维持地位，正好像中国官吏商人在本国剥削来的钱要换外汇才能保持国币的原来价值。

学国文的人出洋"深造"，未免滑稽，而"事实上唯有学中国文学的人非到外国留学不可"，更加岂有此理！在这里作者用"国币要换外汇才能保持原来价值"来比喻"中国文化要借外国招牌方可维持地位"。这个比喻不仅说明了方鸿渐等人出国留学并非真正为高深学问，而是为解脱自卑心理的奇怪现象，而且揭示了当时中国每况愈下的经济形势，揭示了抗战时期国统区上层社会盲目崇洋的民族心理。

(三)知识阶层

1.留学生

鸿渐回信道，经详细调查，美国并无这个学校，文凭等于废纸，姑念初犯，不予追究，希望悔过自新，汇上十美金聊充改行的本钱。爱尔兰人气得咒骂个不停，喝醉了酒，红着眼要找中国人打架。这事也许是中国自有外交或订商约以来唯一的胜利。

方鸿渐买假文凭，少花了些钱，并且写信奚落了卖假文凭的爱尔兰人。作者说这事是中国自有外交或订商约以来唯一的胜利，既是反语，也是暗喻。然而这是怎样的胜利，这是什么胜利！充其量不过是上当受骗的程度轻些罢了，而自欺欺人的色彩又赫然浓重了。这个比喻不仅嘲讽了当时中

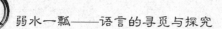

国某些留学生不学无术、沽名钓誉的丑恶表演，而且明白昭示人们：中国自有外交或订商约以来全是失败，没有胜利；只有屈辱，哪有光荣！

2. 诗人

唐小姐道："表姐书里讲的诗人是十八根脱下的头发，将来曹先生就像一毛不拔的守财奴的那根毛。"

用十八根脱下的头发比喻苏文纨的博士论文《十八家白话诗人》里的十八家诗人，是暗喻，意思是说，就像自行脱发不用剪除一样，大部分现代文学不值得批评；用一毛不拔的守财奴那根毛比喻曹元朗，是明喻，意思是说，唯有曹元朗的诗独受苏小姐青睐，舍不得批评。这个叉喻既是对当时那些帮闲文学的无情鞭笞，也是对苏文纨、曹元朗这些无聊文人的辛辣嘲讽。

3. 大学校长

事实上，一个人的缺点正像猴子的尾巴，猴子蹲在地面的时候，尾巴是看不见的，直到他向树上爬，就把后部供大众瞻仰，可是这红臀长尾巴本来就有，并非地位爬高了的新标识。

用猴子尾巴比喻一个人的缺点，这是承续赵辛楣对高松年的评论所作的说明，意思是说，高松年之流并非地位爬高了才变得糊涂的，而是本来如此，就像猴子的尾巴是本来就有的一样，并非爬高了的新标识。在这里作者把八面玲珑、善于逢迎、人老心不老、一心向上爬的大学校长高松年的缺点和猴子尾巴相比，足见其对上流社会知识阶层和市侩政客的深恶痛绝，所以痛下针砭。

（四）殖民主义者

1. 凶相毕露

本来苍白的脸色现在红得像生牛肉，两眼新织满红丝，肚子肥凸得像青蛙在鼓气，法国人在国际上的绰号是"蛤蟆"，真正名副其实，可惊的是添了一团凶横的兽相。

用"生牛肉"来比喻法国警察的脸色，用"青蛙在鼓气"来比喻他们肥凸的肚子，用"蛤蟆"来借喻他们的形象，用"凶横的兽相"来借喻他们的神态。在这里作者通过方鸿渐的眼睛把法国警察"已经着色放大"的形象和几个月前初出家门时候的寒窘可怜相对照,不仅深刻地揭露出资本主义强国对弱小国家人民进行剥削、压迫和奴役的罪恶目的和嘴脸,而且强烈地流露出作者对殖民主义者的讥诮、蔑视和仇恨!

2. 趾高气扬

船又过了锡金和新加坡!不日到西贡,这是法国船一路走来第一个可夸傲的本国殖民地。船上的法国人像狗望见了家,气势顿长,举动和声音也高亢好些。

用"狗望见了家,气势顿长"来比喻当法国船快要到达法国的殖民地——越南的西贡时,船上的法国人"举动和声音也高亢好些",奇而不经。这个看似不伦不类的比喻不仅把殖民主义者掠夺成性、趾高气扬的强盗行径和骄狂姿态刻画得惟妙惟肖、栩栩如生,而且把他们比作狗,丑化和讽刺的意味十分强烈,鄙视和唾弃的态度异常鲜明。

(五)脏乱环境

1. 风肉生蛆

肉上一条蛆虫从腻梦里惊醒,载蠕载袅,李梅亭眼快,见了恶心,向这条蛆远远地尖了嘴做个指示记号道:"这要不得!"伙计忙伸指头按着这嫩肥软白的东西,轻轻一捺,在肉面的尘垢上,划了一条乌光油润的痕迹,像新浇的柏油路……

用"新浇的柏油路"来比喻在肉面的尘垢上按捺蛆虫所划出的痕迹,多么新奇而又贴切形象,足为解颐捧腹之资!这个比喻不仅描摹出了方鸿渐一行人在赴内地三闾大学途中准备就餐的旅馆的一个精彩的戏剧性场面,而且使人们看到了抗战时期国统区并非夸张的脏乱环境,透视出国民党反动统治给社会带来的诸多弊端和痼疾。

2. "三害"肆虐

这东西跟蚊子、臭虫算得小饭店里的岁寒三友,现在刚是深秋天气,还显不出它们的后凋劲节。

"岁寒三友"本来是不畏严寒、迎风斗雪的松、竹、梅的雅称,在这里作者却把这顶"桂冠"给苍蝇、蚊子、臭虫戴上了,而且特别暗示出,即使是秋冬,它们的活动也不会受到限制,必将照样为害百姓。这个暗喻不仅暴露出抗战时期国统区的卫生情况,而且巧妙地暗示出国民党军政要人像苍蝇、蚊子和臭虫一样,正在并将继续到处肆虐作恶、祸害民众。好一个"岁寒三友",是些什么东西?不过是吸血鬼、害人虫罢了。

3.抢上汽车

第一辆新车来了,大家一拥而上,那股蛮劲儿,证明中国大有冲锋敢死之士,只没上前线去。

用"冲锋敢死之士"比喻蜂拥抢上汽车的人。"只没上前线去",看似补充说明一下情况的闲笔,实则是绝妙的讽刺,意思是说,争抢上车算什么冲锋敢死之士!真正的冲锋敢死之士应该争上前线,冲锋陷阵,打击敌人。这个明喻既是对抗战时期国统区社会秩序混乱的调侃,也是对国人一致对外、同心抗战的期盼。

五 达

达者,贯通畅达之谓也,即"勿使有断续痕"。清代著名戏剧理论家李渔在《闲情偶寄》一书中说:"所谓无断续痕者,非止一出接一出,一人顶一人,务使承上接下,血脉相连,即于情势截然绝不相关之处,亦有连环细笋,伏于其中,看到后来方知其妙,如藕于未切之时,先长暗丝以待,丝于络成之后,才知作茧之精,此言机之不可少也。"英国批评家瑞恰慈说:"当我们用突然惊人的方式把两个完全不同的东西放在一起时,最重要的事是……努力把这两者联系起来……"然而,一般的比喻多是以已知喻未知,以具体喻抽象,以浅显喻深奥,以平淡喻生动,相似点比较明显,无须特意点出,人们即可明白。比喻的要素不包括相似点在内,原因也许正在于此。可是,钱先生的比喻不仅新奇典雅,而且有所嘲讽,喻体和本体之间距离较远,相似点比较隐蔽,有一定的阻拒性,人们不能一望便知、一听就明白,往往不知词语出处,不知其所指,很难找到相似点,因而阻滞不通,影响交际。所以,钱先生常常在喻体和本体陡峭壁立的两岸之间架起桥梁,即把相似点或前或后、或单独或合并明确说出,从而使"天堑变通途""高峡出平湖";使《围城》的比喻不仅了然于作者之口与手,而且了然于读者之心。

(一)后桥

> 烤山薯这东西,本来像中国谚语里的私情男女,"偷着不如偷不着",香味比滋味好,……

用烤山薯比喻私情男女,使人感到不伦不类、莫名其妙,但作者紧接着在这个比喻的后部点明了它们的相似点,即正像私情男女偷不着比偷着好一样,烤山薯的香味比滋味好,"你闻的时候,觉得非吃不可,真到嘴,也不过尔尔"。一下子就豁然开朗了。这个比喻不仅把方鸿渐一行五人在赴内地大学途中因取不出汇款而挨饿的困窘描状出来了,而且其中似乎还蕴含着生活哲理,和该书的主题有相通之处。

> 窗外站一个短衣褴褛的老头子,目不转睛地看窗里的东西,臂上挽个篮,盛着粗拙的泥娃娃和蜡纸粘的风转。鸿渐想现在都市里的小孩子全不要这种笨朴的玩具了,讲究的洋货有的是,可怜这老头子,不会有生意,忽然联想到自己正像他篮里的玩具,这个年头没人过问,所以找职业这样困难。

用老头子篮里的玩具比喻"自己"(方鸿渐),乍一看似乎是贬抑过甚,有失确当,但作者接着在这个比喻的后部指出了相似点,即正像老头子篮里的玩具不会有生意一样,方鸿渐找职业困难,两者都是"没人过问",这就使人们领悟了"联想"的合理性。这个比喻不仅表现出方鸿渐从内地回到上海找不到出路的困窘境地,而且反映出当时社会洋货充斥、失业高涨的冷酷现实。

> 一切机关的首长上办公室,本来像隆冬时的太阳或者一生里的好运气,来得很迟,去得很早。

用隆冬时的太阳或者一生里的好运气比喻一切机关的首长,貌似褒扬而又无甚缘由,使人丈二和尚——摸不着头脑,但作者紧接着在这个比喻的后部指出它们的相似点是"来得很迟,去得很早",这就使人们弄清了作者的真意:不是褒扬,而是贬斥。这个比喻不仅表现出有意回避方鸿渐的三间

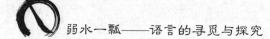

大学校长高松年的老谋深算,而且披露出抗战时期国民政府腐败之一端:懒散。

顾尔谦的兴致像水里浮的软木塞,倾盆大雨都打它不下,就提议午后游雪窦山。

只看前面,用水里浮的软木塞比喻顾尔谦的兴致,人们很难想象出它们之间的相似点,但当作者紧接着在这个比喻的后部指出软木塞的特性"倾盆大雨都打它不下"时,人们马上就心领神会了。这个比喻不仅表现出将被聘为历史系副教授的顾尔谦的受宠若惊,而且反映出当时的上层知识分子易为国民党政府收买和豢养的致命弱点。

(二)中桥

只听得阿丑牵楼梯就尖声嚷痛,厉而长像特别快车经过小站不停时的汽笛,跟着号啕大哭。

用"特别快车经过小站不停时的汽笛"比喻阿丑嚷痛的尖声,人机相异,大小不同,何以成比?但作者在本体之后喻体之前特别指明它们的相似点是"厉而长",于是人们的疑团尽释了。这个比喻不仅揭示出阿丑生在书香门第而又缺少教养的悖反现象,而且映衬出方鸿渐所在的封建大家庭妯娌间的明争暗斗,为后来孙柔嘉和方鸿渐的离异作了铺垫。

旗袍掺和西式,紧俏伶俐,袍上的花纹是淡红浅绿横条子间着白条子,花得像欧洲大陆上小国的国旗。

用欧洲大陆上小国的国旗来比喻苏文纨穿的旗袍,是易于为读者所理解的,但二者的相似点较多,诸如形状、颜色、质料等,读者一时难以确定,所以作者在本体之后喻体之前作了具体说明,特别点出一个"花"字,给出了相似点的唯一答案,这样喻义也就明朗化了。这个比喻不仅描状出苏文纨花哨、时髦的服饰,而且透露出这个昔日的女诗人、女留学生,而今大做投机生意、大发国难财的官太太的空虚无聊的心态和境界。

机器是没有脾气癖性的,而这辆车倚老卖老,修炼成桀骜不驯、怪僻难测的性格,有时标劲像大官僚,有时别扭像小女郎,汽车夫那些粗人休想驾

驭了解。

用"大官僚"和"小女郎"来比喻老汽车,确实生动形象,但老汽车何以像"大官僚"而又像"小女郎",纵使想象力异常丰富的人怕也难琢磨出它们之间的相似点来。不过作者早就料到这一点了,所以在本体之后两个喻体之前分别架设栈桥——"标劲"和"别扭",于是就"天梯石栈相勾连"了。这个博喻不仅刻画出这辆老爷车"不听摆弄"的性格特征,而且对国民党"官僚"政府的效能顺便唾了一口。

说完加以一笑,减低语意的严重,可是这笑生硬倔强宛如干糨糊粘上去的。

用"粘上去"的"干糨糊"比喻强装出来的极不自然的笑容,是大出读者意料的,人们很难想象得出二者之间的联系,但作者在本体和喻体之间挑明了它们的相似点——"生硬倔强",于是问题也就迎刃而解了。这个比喻不仅表现出赵辛楣不尚虚假、较为诚笃的品性,而且反衬了李梅亭以小人之心度君子之腹的可鄙。

那女人本在把孙小姐从头到脚地打量,忽然发现顾先生的注意,便对他一笑,满嘴鲜红的牙根肉,块垒不平像侠客的胸襟,上面疏疏地缀几粒娇羞不肯露出头的黄牙齿。

用"侠客的胸襟"比喻"那女人"满嘴鲜红的牙根肉,令读者感到不可思议,但作者在本体和喻体之间搭了桥,挑明了"块垒不平"这一相似点,于是二者也就融会贯通了,从而使读者领悟了作者的匠心独运。比喻不但活画出妓女王美玉的丑陋形象,而且隐约透露出作者对所谓"侠客"的讥诮和奚落。

(三)前后桥

"撇下一切希望罢,你们这些进来的人!"虽然这么说,按捺不下的好奇心和希冀像火炉上烧滚的水,勃勃地掀动壶盖。

用"火炉上烧滚的水"比喻好奇心和希冀是极其新奇的,一般人绝想不到会把它们联系到一起,但作者先在本体前搭了一座引桥——"按捺不下",

又在喻体后搭了一座接桥——"勃勃地掀动壶盖",这两座桥共同构成了相似点,于是二者也就珠联璧合、融为一体了。这个比喻不但表现出方鸿渐虽不存奢望却抱有希望的心态,而且反映出作者富于积极进取的乐观精神。

店周围浓烈的屎尿气,仿佛这店是棵菜,客人有出肥料灌溉的义力。

以"菜"喻"店",令人大惑不解:"菜"怎么是"店","店"又何以成"菜"呢?为此,作者先在本体前搭了一座引桥——"店周围"有"浓烈的屎尿气",又在喻体后搭了一座接桥——"客人有出肥料灌溉的义力",这两座桥前递后接,有效地化解了这个疑问。这个暗喻不仅表现出抗战时期国统区的脏乱环境,暗示出国民党政府的腐败无能,而且表现出作者联想之锐敏、谐谑之奇谲。

(四)中后桥

鸿渐没料到辛楣又回到那个问题,仿佛躲空袭的人,以为飞机远去了,不料又转到头上,轰隆隆投弹,吓得忘了羞愤,只说:"那不会!那不会!"同时心里害怕,知道那很会。

用"躲空袭的人"比喻方鸿渐,二者虽同为人类,而境况迥异,简直无法联系起来。但作者先在本体和喻体之间搭了一座桥——"没料到辛楣又回到那个问题",又在喻体之后搭了一座桥——"以为飞机远去了,不料又转到头上",揭示了相似点,即害怕发生的事情偏偏发生了,这样二者也就笙磬和谐、恰成妙喻了。这个明喻不但表现出方鸿渐对孙柔嘉未婚先孕的担心,而且从侧面反映出抗战时期国统区人民对敌机狂轰滥炸的恐惧和愤怒。

(五)桥上桥

害羞脸红和打呵欠或口吃一样有传染性,情况黏滞,仿佛穿橡皮鞋走泥淖,踏不下而又拔不出。

用"打呵欠或口吃"比喻害羞脸红,让人琢磨不透,于是作者在喻体之后搭了一座桥,点明了二者的相似点即"有传染性",但还不够十分明白。于是又在这座桥上搭了一座便桥,进一步点明有传染性的表征是"情况黏滞"，害羞脸红怎样"情况黏滞"呢？仍然使人感到费解，于是又用"穿橡皮鞋走泥淖"来比喻，并点明它们的相似点是"下不去而又出不来"，这样人们的疑团才一个个雪融冰释了。这个比喻不但表现出方鸿渐受孙柔嘉的窘态影响也呈现出窘态，而且为情节的进一步发展乃至方孙二人终成眷属作了铺垫。

综上所述，钱钟书先生用他那如椽巨笔在《围城》里构筑起金碧辉煌的语言艺术殿堂，其中最为绮丽夺目的比喻大花园，吸引和倾倒了无以计数的中外读者，使人们痴迷饱览比喻之花的天姿国色，心肺沁满浓郁醉人的花香，在浑然不觉之中受到人生哲理的深刻启迪和励力警示。这就是语言大师独领风骚的魅力所在！

钱氏"通感"格的建格理论与写作实践

三年困难时期的阴霾刚刚过去的 1962 年，著名学者、杰出作家钱钟书先生在《文学评论》上发表了《通感》一文，"拈出"了一种奇创刮目的文学描写手法——"通感"。因为她深深地植根于古今中外文坛艺苑的沃土之中，枝繁叶茂，瑰丽多姿，所以很快就被修辞学家移入了辞格之林。30 多年来，对"通感"作为一种修辞格式的"格籍"，修辞学家们有的颔首、有的摇头，并未完全统一认识。讨论文章多从"通感"作为文学描写手法的性质谈起。而钱先生在《通感》一文中是否提出了足以建"格"的理论，他自己有无这方面的实践，却还没有人问津扪参。本文准备从这两方面"踏勘"一番。

(一)钱先生"通感"格的理论框架

1."通感"的本质和内涵

对"通感"格,钱先生在《通感》一文中并没有给出精确、严密的定义,只是举例说明:"宋祁和苏轼所以用'闹'字,是想把事物的无声的姿态描摹成好像有声音,表示他们在视觉里仿佛获得了听觉的感受。"实际上,这段话在揭示"作者的用意所在"的同时,已经相当巧妙自然地提出了"通感"的基本概念。试想,既是举例说明,何妨以此类推:既然"把事物的无声的姿态描摹成好像有声音,表示他们在视觉里获得了听觉的感受"是通感,那么"把事物的无形的声音描摹成好像有形状,表示他们在听觉里仿佛获得了视觉的感受"也应当是通感。诸如此类,都应当是通感。这岂不就是"通感"的意义内涵吗?而"在日常经验里,视觉、听觉、触觉、嗅觉等往往可以彼此打通或交通",亦即"感觉的移借",岂不就是"通感"的本质特征吗!

2."通感"的客观基础

有人认为"通感"是以心理标准确立的辞格,是纯粹主观的产物,根本没有客观基础,所以不能成立。事实上,钱先生借亚里士多德之口已经从侧面阐明了这个问题:"声音有'尖锐'和'钝重'之分,那是比拟着触觉而来的区别,因为听觉和触觉有类同点。"这里所说的"雷同点",就是被拟的物与比拟着人的情绪和状态的一定的变通所在,就是"一种感觉与另一种感觉之间在心理反应上的相似点",说到底就是事物本身固有的某些特点。正因如此,才会出现孔颖达在《礼记注疏》里所说的"声音感动于人,令人心想如此"的"通感"现象,进而推出"通感"这种修辞格式。由此可见,"雷同点"就是"通感"的客观基础。现代人体科学研究表明,特异功能发挥极致能达到"六根互相为用""照察不阂墙壁""耳中见色,眼里闻声"的境界,就是有力的佐证。

3."通感"的结构

钱先生指出:"通感的各种现象里,最早引起注意的也许是触觉和视觉向听觉的挪移。"这有意无意地点明了构成"通感"的特定方法——把一种描写对象描写成另一种描写对象的"兑换挪移"。钱先生还举例说明道:"'寒磬满空林'(刘长卿《秋日登吴公台上寺远眺》)和'歌台暖响'(杜牧《阿房宫赋》,把温度范围里的'寒'字和'暖'字来描写清冷的磬声和喧繁的乐声……"这又隐约地勾勒出"通感"的特定结构,即把用来描写一种感觉的形容词语移用来描写属于另一种感觉的事物,构成修饰或限定关系,如上述"寒磬(声)","磬"为中心语,"寒"为定语,构成定中关系的名词性短语;"暖响","响"为中心语,"暖"为定语,构成定中关系的名词性短语。只是这种特定结构还比较模糊,还没有模式化,还不便具体操作。

4."通感"的分布

钱先生认为,"通感"不仅在古今中外的诗文里"偶尔碰见",而且"诸如

此类在普通语言里就流露不少"。作为佐证,钱先生在《通感》一文中拈列汉语"通感"36例,外语"通感"5例;古代"通感"32例,现代"通感"9例;书面语"通感"32例,口语"通感"6例。由此可见,"通感"并不是罕用少见的辞格,而是范围较广、形式多样、数量不小的辞格,只是一般人习焉不察、浑然不觉罢了。

5."通感"的功能

钱先生对"通感"的修辞功能是充分肯定的。他说"写一种感觉超越了本身的局限而领会到属于另一种感觉的印象",使"诗人对事物往往突破了一般经验的感受,有更深刻、更细致的体会""比后世诗歌里一般……的描写多一层曲折"。这就是说"通感"具有感觉的超越性和描写的曲折性。作者恰当地运用它,不仅能使抽象的事物形象化、平淡的描述立体化、单纯的感触多样化,而且能使人的情绪和状态同一定的事物联系起来,从而"曲折"地突出人的情绪或状态。

至此,我们可以毫不夸张地说,钱先生在《通感》一文中,从"通感"的本质和内涵、"通感"的客观基础、"通感"的结构、"通感"的分布、"通感"的功能等五个方面零散而又系统、片断而又完整地提出了"通感"的理论框架,奠定了建"格"的坚实基础。

(二)钱先生"通感"格的写作实践

钱先生不仅在疏古通今、旁征博引的基础上矗起了"通感"格的理论框架,而且在他蜚声世界的长篇小说《围城》里对"通感"的写作作了令人叹服、叫绝的操作展示。按笔者对"通感"所作的界定(参见本文3.0),据笔者粗略统计,《围城》中共有"通感"200例,平均不到两页就有1例。其中视觉移作听觉(简缩为"视听",以下类推)3例,听视8例;视嗅1例;视味7例;视触13例,触视1例;味意2例,意味2例;触意17例,意触4例;触味6例,味触1例;听意53例;视意55例,意视4例;听触12例,触听2例;触嗅1例;听嗅1例;听味1例;意意6例。需要说明的是"意意"。它虽然是由意觉到意觉,却是由一种意觉移用为另一种意觉,而且关涉的两项也构成了修限关系,所以应该作为特例纳入"通感"之中。例如"疲乏垂绝的希望""死心塌地的境界"等,皆属此类。

"通感"从内容上说,是由人的感觉移借给事物或由人的某种感觉移借为另一种感觉;从形式上说,是由表示人的情状的词语与表示事物的词或由表示人的某种情状的词语与表示人的另一种情状的词构成修限关系。这是"通感"在意义上和结构上表现出来的两个重要特点。

根据意义上的特点,可把《围城》中的"通感"分为视觉移作听觉等21个小类,例如,"暖烘烘的味道"是味觉移作触觉,"坦白地瞧不起"是意觉移作视觉。因为意义类型实践指导作用不大,故从略。

根据结构上的特点,可把《围城》中的"通感"分为两个小类。因为结构类型实践指导意义较大,所以详列如下。

1.定中式"通感"

这种"通感"的结构特点是:表示人的情状的词语与表示事物的词或表示人的某种情状的词语与表示人的另一种情状的词构成定中关系。从构成上说,其定语多为形容词或形容词性短语,中心语一般是名词或名词性短语。共91例。例如:

明天早上(即第二天早上——笔者),辛楣和李梅亭吃几颗疲乏的花生米,灌半壶冷淡的茶,同出门找本地教育机关去了。

其中加点部分"疲乏的花生米"和"冷淡的茶"就是两个定中式"通感"。"疲乏"的明明是人,是赵辛楣、李梅亭等人,不是花生米,愣说成"疲乏的花生米";"冷淡"的也明明是人,是旅店掌柜、伙计和银行办事员的态度,而不是茶,愣说成"冷淡的茶",这岂不是张冠李戴,错用、滥用吗?不,这恰恰是文坛巨擘的"拉郎配",宛如高级气功师的"移山换景"。这是一种似非而是、独具魅力的写法。它使人的情绪和状态同一定的事物联系起来,仿佛连事物也具有了人的情绪和状态似的,从而凸显了人的情绪或状态。"疲乏的花生米"和"冷淡的茶"异常生动地表现出方鸿渐一行五人在赴内地大学任

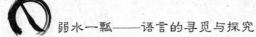

教途中的困窘情状。由于当政腐败,民生维艰,地僻路远,交通不便,因而走到半路差旅费就已消耗殆尽,连香烟也不能买,住店还得有人"加塞儿"睡竹榻或门板,吃饭只得"将就",甚至"不吃东西就睡下了",以致方鸿渐"饿得睡不熟,身子像没放文件的公事皮包,几乎腹背相贴",赵辛楣饿醒了,李梅亭起早买山薯偷着吃,方鸿渐买了些山薯,"进旅馆时,遮遮掩掩的深怕落在掌柜或伙计的势利眼里,给他们看破了寒窘,催算账、赶搬场";虽然校方已经汇款到吉安,却又因找不到铺保而取不出来,所以弄得他们困顿窘迫、疲惫不堪。"疲乏的花生米"和"冷淡的茶"正是他们这种颓唐情绪和狼狈状态以及世态炎凉的绝妙写照。不直接写人而写物,写物为的是写人;物写"活"了,人也就"神"起来了。这正是作家的命意所在、超卓之笔!

2.状中式"通感"

这种"通感"的结构特点是:表示人的情状的词语与表示事物的词或表示人的某种情状的词语与表示人的另一种情状的词构成状中关系。从构成上说,其状语多为形容词或形容词性短语,而中心语一般则是表示情状或动作的谓词或谓词性词语。共109例。如:

没说完,汪太太出来了。骨肉停匀,并不算瘦,就是脸上没有血色,也没擦胭脂,只敷了粉。嘴唇却涂泽鲜红,旗袍是浅紫色,显得那张脸残酷地白。

其中加点部分"残酷地白"就是状中式"通感"。"残酷"意为"凶狠冷酷",本来是对有生命的人的性情和状态的描述,却被移用到无生命的颜色——"白"上,岂不谬哉!其实不然。钱先生这样写不仅准确无误,略带夸张,而且蕴藉深厚,富含同情。试想,汪太太脸上既然"没有血色",那当然就是苍白的了,但不是一般的苍白,而是异乎寻常的苍白,苍白到不能再苍白的极限程度,苍白到人们都不忍看、不敢看的吓人境地,仿佛看一眼就会被虐杀似的。这等苍白无论是对人还是对己不是都够"残酷"的吗?作者之所以用"残酷"这个贬义词来描写汪太太脸色的苍白,从表面上看,这是涂泽鲜红的嘴唇和浅紫色的旗袍交相反衬的结果,客观写实;然而深层原因却是——汪太太虽不算年轻,却颇有风度,形容不俗,而且附庸风雅,弹琴作画,胆识过人,心高气傲,却嫁得一个比她大二十岁,一心想爬上去当大官却被弹劾下来、非常相信命运却被命运捉弄,而且喜新厌旧、好套用古人名句作诗卖弄的老官棍、老学棍汪处厚。这是一桩错位的婚姻,没有爱情的婚姻。这种婚姻是无幸福可言的,是不可能善终的。所以汪太太的内心是空虚的、厌倦的、痛苦的、凄惶的。当汪处厚说到"我年轻的时候……"汪太太轻蔑地哼一声:"你年轻的时候? 我——我就不相信你年轻过。"当汪先生说到"结婚是人生最美满快乐的事,我和我内人都是个中人……我和她——"汪太太皱眉摇手道:"别说了,肉麻! "当她记起汪先生对自己说"我死了,赶快就投人身,来得及第二次娶你"时,"忽然心上一阵厌恨"。这说明汪太太脸色"残酷地白"是她内心痛苦的外在表现,是婚姻错位的"残酷"物化。"残酷"二字有着丰富的潜台词,是能够激发读者无尽联想的"中子"。所以说,这个"通感"不仅异常鲜明地表现了三闾大学中国文学系主任汪处厚太太的苍白脸色,而且相当深刻地反映出这个虽然病病恹恹但风韵犹存的半老徐娘的独特精神风貌:苍白的脸色和苍白的内心世界相观照,苦闷的生活和不甘寂寞的心态相映衬。从中我们还不难看出作者对这个笼罩着悲剧色彩的人物的欣赏、惋惜和同情。真是入木三分,一箭数雕!

3.变式"通感"

以上所说的"通感"都是常式"通感",还有为数不多的变式"通感"。变式"通感"是相对于常式"通感"而言的。常式"通感"的特点是:表示人的情状的词语充当修饰语。而变式"通感"的特点则是:表示人的情状的词语作被修饰语。例如:"脸上的快乐""声音的惶怕""声音里的战栗""苏曼殊诗里的日本味儿"等。它们可以分别改写成"快乐的脸""惶怕的声音""战栗的声音""日本味儿的苏曼殊诗",所以可以看成倒装的"通感",即变式"通感"。

(三)关于"通感"格理论框架的补白

1.与邻近辞格的关系

钱先生在《通感》一文中并没有从理论上直接谈到这个问题,从所举例证看,在实践上也没有解决好这个问题。钱先生举例说明的"通感",定性过于宽松,范围又嫌稍大,因此在界限上容易和一些邻近辞格发生混淆现象。例如"柳边深院,燕语明如剪",似应看作比喻;"笑语谁家帘幕,镂冰丝红纷绿闹",似应看作拟人。对此,我们可以采取限制定义和收缩范围的办法,把某些比喻、拟人等辞格排除在外。如果说"限制""收缩"的结果又不足以完全概括类似的修辞现象,那么还可以把"表现人的某种情状的词语移来同表示人的另一种情状的词构成修限关系"扩充进来,合起来把"通感"格概括为:作者在表现人的强烈感情时,把表现人的某种情状的词语移来,同表示事物或人的另一种情状的词构成修限关系,使人的某种感觉转移为另一种感觉,从而使读者获得多方面的美感与享受的一种修辞格式。这样,"通感"同邻近辞格的边界冲突也就可以平息了。比如"通感"与比喻:从内容上看,"通感"取譬的是人和事物之间在心理反应上的隐性相似点,而比喻取譬的是甲乙两事物之间的显性相似点;从结构上看,"通感"是把表示人的情状的词语加以"兑换挪移",而比喻则没有把任何词语"兑换挪移"。再比如"通感"与拟人:从内容上看,"通感"兑换挪移的只是表示人的情状的词语,而拟人则不限于表示情状的词语,还包括表示言动的词语;从结构上看,"通感"所关涉的两项构成修限关系,而拟人则构成陈述关系或支配关系。再比如"通感"与粘连:从内容上看,"通感"兑换挪移的是表示人的情状的形容词性词语,而粘连所粘的则是表示人的动作的动词性词语;从结构上看,"通感"兑换挪移的词语用来作定语或状语,而粘连所粘的词语则用来作谓语中心。

颇为棘手的是,钱先生的"通感"格和陈望道先生在《修辞学发凡》里提出的"移就"格纠缠不清。如果说这两种辞格互相包容需要二者择一的话,那么按提出时间的先后应取"移就",另外两个因素却作悖论:一是陈先生着眼"印象",钱先生着眼"感觉",而作为辞格的本质特征"印象的移属"不如"感觉的移借"具体明确;二是陈先生虽然提出了"把人类的性状移属于非人的或无知的事物"这一形式特征,但他觉得只是"常见"而不是全部如此,只是"大概"而未完全肯定,而钱先生所举大量例证无一例外地反映出这一形式特征。所以还是取"通感"为好。

2.命名谐调

钱先生虽然在《通感》一文中提出了足以建"格"的理论框架,但"通感"这个"格"名是从心理的角度提出来的,和其他一些辞格的命名不相协调,似应以钱先生在同文中提及的"感觉的移借"的简缩词"移觉"为好。"移"者,"兑换挪移"之谓,明示方法,暗含结构;"觉"者,视觉、听觉、嗅觉、味觉、触觉、意觉总括之称,其中的"意觉"不是视听嗅味触的简单综合,而是感觉和思维等各种心理过程的总和,是其他任何一种感觉所不能替代的极其重要的第六种感觉。"移觉"这个"格"名早就见诸有关论著,不仅称呼应比另起新名顺理成章,而且突出了辞格的本质特征,指明了辞格的构成方法,应该得到广泛的认同。

(四)结语

钱先生在"通感"修辞格的建"格"理论和写作实践两个方面的开拓性贡献,和他整个一生辉煌的文学研究工作和文学创作工作相比,仅仅是这位"人中之龙"(钱先生当年在清华读书时赢得的美誉)的一小片鳞甲。一小片鳞甲尚且如此耀目生辉,而况巨龙全躯乎!

注 引文皆出于钱钟书《通感》一文,载胡裕树主编的《现代汉语参考资料》中册580—586页。

引例皆出于钱钟书《围城》一书,1980年10月北京第一版。

读报有感话"规范"

1995年6月,《人民日报》一篇通讯中有这样一句话:

"因为领导以普通代表身份、平易近人的态度,代表们无拘无束,畅所欲言,发言一个接一个,直到中午。"

这句话内容不多,我们不去谈它,但就结构形式而言,毛病不少。一是"领导以普通代表身份、平易近人的态度"作为整个因果复句的原因分句,谓语中心残缺。其中"领导"是主语,"以"是介词,"普通代表身份、平易近人的态度"是由两个偏正短语构成的联合短语,作介词"以"的宾语,和"以"共同构成介宾短语,作句子的状语。这个原因分句在说出主语和状语之后,没有接着说出谓语中心,就另起一个分句,致使这个分句的结构不完整、语意不明。值得注意的是,现代汉语的介词虽然大多是由古代汉语的动词演变而来,有些介词有时还多少带一点动词的特点,甚至有的在这个场合是介词,而在另一场合是动词,但介词是不能单独作句子成分,总要构成介宾短语才能作句子成分的,而且由介词构成的介宾短语主要作状语、补语和定语,而不能作谓语或谓语中心。修改此项错误,只需在"态度"后补出"出现"或"参加会议"或"参加讨论"等对主语"领导"进行陈述说明的词语作谓语中心,就可以了。二是这句话作为因果复句,本该成对使用关联词语"因为……所以……"但在实际上只在前面分句用了"因为",而未在后面分句用"所以"加以呼应和配合,致使分句间的关系不甚清楚,整个复句的意思不够明确:是"代表们无拘无束,畅所欲言,发言一个接一个,直到中午"整个是结果,还是只有"发言一个接一个,直到中午"是结果呢? 如果是前者,那么就只有一个原因,即"领导以普通代表身份、平易近人的态度(……)";如果是后者,那么就有两个原因,即"领导以普通代表身份、平易近人的态度(……)"和"代表们无拘无束,畅所欲言"。究竟哪些分句表原因,哪些分句表结果,读者难以作出正确的判断,很容易造成误解,引起歧义。值得注意的是,"因为"作为关联词语不是不能单用,但单用时必须用在后面分句,而且这个分句必须是表示原因的分句,而不能单用在前面的原因分句,更不能单用在前面的结果分句。修正此项错误,只需在"代表们……"之前加上

"所以",和"领导……"之前的"因为"相配合,就可以了。

报章杂志上偶然出现个把病句本不足怪,正所谓"无错不成报,无错不成书"嘛。然而,当前社会上受港台影响,滥用繁简字、乱撇港台腔,生造怪僻词语、硬拼超常结构等现象十分普遍,错字病句相当严重,不能不引起语言学界和有关部门的密切关注。1951 年 6 月 6 日《人民日报》社论说,"这种语言混乱现象的继续存在,在政治上是对于人民利益的损害,对于祖国的语言也是一种不可容忍的破坏。每一个人都有责任纠正这种现象"。笔者有感于此,当即写信给《人民日报》主编,指出错处,分析错误,而且给出了改正错误的参考方案。但是,至今未见片纸只字的回音,看不到应有的"检查"和"更正"。

几乎就在这同时,上海报刊举行编校质量大竞查,提出:凡在竞查日(6 月 26 日)这天的三报(《解放日报》《文汇报》《新民晚报》)一刊(《咬文嚼字》丛刊第 6 辑)上,发现错字、别字、多字、漏字、颠倒字或明显用字用词不当,经认定后,罚款 1000 元,奖给发现差错的读者,并授予"月亮神读者"称号。过去人们特别看重某字或某诗文的价值时,曾形容说"一字千金";现在上海报刊特别看重文字错误的危害,奖罚皆"千金"!用"一错千金"的高价去买错、征错、捉错、杜错,这是怎样的胸怀、怎样的度量!这是何等认真负责的态度,何等难能可贵的主动"买"错的精神!这样重视偶尔出现的一两处小差错,这样重视报刊的编校质量,何愁报刊办不好,何愁宣传工作上不去!

出现了差错或者说是"不规范"现象并不可怕,可怕的是不能正确地看待和处理它。有的讳莫如深,生怕别人知道,甚至多方遮掩,努力做到家丑不外扬;有的主动显隐烛幽,生怕别人不知道,甚至不惜重金礼聘别人来帮助揭家丑。两种态度和做法,必然带来两种结果:怕别人知道出了差错,希望能内部解决的,差错会越来越多;不怕别人知道出了差错,借助外力帮助解决的,差错会越来越少。

消除不规范的现象绝非一地一时的事情。现在,上海的新闻出版部门动起来了,其他地方怎么办,其他部门怎么办?竞查日动起来了,其他时日怎么办?我们希望上海报刊的这种精神和做法能推而广之,发扬光大,并能坚持下去,直至"语"宇澄清万里埃!

一个扑朔迷离、似是而非的例句

——与黄廖本《现代汉语》编者商榷

黄伯荣、廖序东主编的《现代汉语》(增订版)下册第 293 页引用鲁迅先生的著名小说《祝福》最后一段的一句话作例子,用来说明"通感往往借助于比喻、比拟、夸张等手法来表达"。现转录如下:

> 我在朦胧中,又隐约听到远处的爆竹声连绵不断,似乎合成一天音响的浓云,夹着团团飞舞的雪花,拥抱了全市镇。

编者解析说:"把'爆竹声'比作'浓云',用'浓云'来形容新年祝福的'爆竹声',借助通感方法使人不但能听到,还能看到新年'祝福'的热烈气氛,这就更突出地烘托了祥林嫂的凄凉和惨烈。"这就是说,编者认为这句话的加点部分所运用的修辞手法是借助比喻来表达的通感。从表面上看确乎是这样,而实际上不是这样。

这句话从结构来说是一个复句,其中除第一分句是完全句外,其他分句似乎都是省略句。省略的主语究竟有几个,各是什么?随着对被省略的主语的不同假定,人们对整个复句内部结构的理解也便不同。着重号标示出编者的理解,似乎是把"爆竹声"作为后面各分句的共同主语,即"我在朦胧中,又隐约听到远处的爆竹声连绵不断,(爆竹声)似乎合成一天音响的浓云,(爆竹声)夹着团团飞舞的雪花,(爆竹声)拥抱了全市镇"。抑或是主语递次转换,即"我听到……爆竹声……(爆竹声)合成……浓云,(浓云)夹着……雪花,(雪花)拥抱了全市镇"。它们的共同点是:都把整个复句看作四个分句组成的,其中第二分句都是"(爆竹声)似乎合成一天音响的浓云"。而笔者的理解则是:整个复句不是由四个分句组成,而只有三个分句,其中只有第三分句的主语承第二分句的主语省略,而第二分句的主语并未省略,只是因其结构比较复杂而用逗号隔开罢了,即"①我在朦胧中,又隐约听到远处的爆竹声连绵不断,②似乎合成一天音响的浓云,夹杂着团团飞舞的雪花,③(浓云)拥抱了全市镇"。

1.编者的理解从语法上说是错误的

问题的关键是"（爆竹声）似乎合成一天音响的浓云"。其中"合成"作为一个及物动词，似乎既可以支配"浓云"，构成"合成……浓云"，又可以支配"音响"，构成"合成……音响"。然而在一句话中二者必居其一，而不能得而兼之。究竟哪一种组合能站得住脚呢？从表义作用和表达效果来看，二者虽同为动宾短语，但爆竹声"合成……浓云"晦涩难懂，只好抬出"通感"解围，而爆竹声"合成……音响"明白如话，文理通顺。试作扩展问答，问题会看得更清楚。对前者发问：合成什么？答：合成浓云。再问：什么浓云？答：一天音响的浓云。显然，无论是"一天音响的浓云"，还是"音响的浓云"，都无法解释、不可言喻。对后者发问：合成什么？答：合成音响。再问：多大范围的音响？答：一天音响。不难看出，无论是"合成音响"，还是"合成一天音响"，都是合乎逻辑、不言而喻的。这就是说，"合成"只能和"音响"构成"合成……音响"，而不能和"浓云"构成"合成……浓云"。据此，笔者认为，"似乎合成一天音响的浓云"不是以"合成"为谓语中心，以"浓云"为宾语中心构成的带宾谓语句，而是以"浓云"为中心语，以"合成一天音响"这个动宾短语为定语构成的定中式偏正短语；它不能作为一个独立分句而存在，而是作"夹着团团飞舞的雪花，拥抱了全市镇"这两个分句的共同主语。而且，既然"似乎合成一天音响的浓云"作为带宾谓语句不能成立，那么"（爆竹声）似乎合成一天音响的浓云"作为省略主语的主谓句也不能存在。因此，"（爆竹声）似乎合成一天音响的浓云"究竟是比喻、是通感，还是借助比喻表达的通感，也就无从也无须谈起了。

2.编者的说解从修辞上说也是错误的

（1）编者的说解表明，"爆竹声似乎合成一天音响的浓云"是通感。这是不能成立的。

原因之一：缺乏感觉转移的条件。

钱钟书先生曾阐明，通感"在感觉上有通同一气之处"；张寿康先生曾指出，"一种感觉与另一种感觉之间在心理反应上的相似点，是感觉转移的条件"。这就是说，不同的感觉之间要有"通同一气之处"才能沟通，要有"心理反应上的相似点"才能转移，而不是任何感觉之间都可以沟通和转移。那么,诉诸听觉的"爆竹声"和诉诸视觉的"浓云"在感觉上有无"通同一气之处",是否存在"心理反应上的相似点"呢?生活经验告诉我们:"爆竹声"和"浓云"无论是性质、形状,还是颜色、光彩,都是风马牛不相及、一点联系也没有的:"声"是由物体振动而发生的波通过听觉所产生的印象,而"云"则是由水滴、冰晶聚集形成的空中悬浮的物体;"爆竹声"是无形状可言的,而"浓云"则是虽富有变化却有形的;"爆竹声"是无颜色可言的,而"浓云"则是有颜色的;伴随"爆竹声"的耀眼闪光,则又和"浓云"本身的黑暗恰成反照。只有状态即"爆竹声"的连绵不断和"浓云"的浓厚稠密有点接近,然而,"连绵不断"描状的是频度,"浓厚稠密"描状的是密度,二者也是很难建立起联系的。既然很难建立起联系,那就足以说明二者之间缺乏"通同一气之处"和"心理反应上的相似点",缺乏感觉转移的条件;既然缺乏感觉转移的条件,那么"通感"缘何而生!

原因之二:不符合"通感"的结构要求。

任何一种辞格都应该有自己独具的结构形式,并以此和其他辞格相区别而存在。"通感"的结构形式虽然现在很难说定,但按照笔者的界说,应该是由表示人的情状的词语与表示事物的词,或由表示人的某种情状的词语与表示人的另一种情状的词构成修限关系,其一为定中式,如"疲乏的花生米";其二为状中式,如"残酷地白"。然而,"爆竹声似乎合成一天音响的浓云"根本没有表示人的情状的词语,更没有构成修限关系;作为主语的"爆竹声"和作为宾语的"浓云"是分属不同层面的两个成分,它们之间没有直接的结构关系,因此它们在结构上不应也不能构成"通感"。

(2)编者的说解表明,"爆竹声似乎合成一天音响的浓云"还是比喻。这也是不能成立的。

第一,缺少形成比喻的客观基础。

众所周知,相似点是比喻赖以形成的客观基础;只有用来打比方的事物和被比喻的事物之间存在着相似点,它们才可能构成比喻。然而,如前所述〔参见(1)即通感不能成立的原因之一〕,在"爆竹声"和"浓云"之间很难找到能使人信服的相似点,因而无法成喻。

第二,没有适切的比喻词。

众所周知,本体、喻体和比喻词是构成比喻的三个要素;作为比喻的基本型之一的暗喻,三个要素是都出现的。如果说"爆竹声似乎合成一天音响的浓云"是暗喻，"爆竹声"为本体当无问题，可"浓云"为喻体有问题，"爆竹声"怎么会成了"浓云"呢？出现幻视了吧！至于比喻词，"似乎"虽然有仿佛、好像的意思，但它并不表示譬况，而是表示一种猜测和估计，因而从来都不作比喻词使用。这样就只有"合成"也许有资格荣任比喻词之职了。但"合成"的意思是"由部分组成整体"，而"爆竹声"与"浓云"并无部分与整体的关系，怎么能"合成"呢？用"合成"把"爆竹声"与"浓云"联系起来，不仅不合语言习惯，而且在逻辑上也讲不通，当然就更谈不到比喻的意义和作用了，因而"合成"也不能作比喻词使用。所以说"爆竹声似乎合成一天音响的浓云"不符合"甲是乙"的基本形式要求，不成其为暗喻。同时，因为它不符合"甲像乙"和"乙代甲"的基本形式要求，所以明喻和借喻也都不能成立。

第三，不符合喻体的一般性要求。

一般来说，喻体即用来打比方的事物都是当时不在眼前或根本不存在的事物，用这样的事物作喻体去说明本体，不可能十分切实，只能是实中有虚或虚中有实，必须通过联想才能实现与被比喻事物的对接和复合，从而成喻。然而"浓云"是当年鲁镇旧历年底天空中的真实景象，是步出户外放眼可见的具体、明晰、切实的事物，是视觉即可感知、无须凭借联想的客观存在，和喻体的一般性要求相距甚远，因而难以成喻。

综上所述，"爆竹声似乎合成一天音响的浓云"既不是比喻，也不是通感，当然也就不是借助比喻手法来表达的通感了。但就整句话来说，不是什么辞格也没有。"浓云……夹着……雪花，拥抱了全市镇"是拟人，"合成一天音响"是夸张，不过都不是借助比拟、夸张手法来表达的通感。

鲁迅先生不但是伟大的文学家，而且是超卓的语言大师。《祝福》作为他的代表作之一，是旧中国劳动妇女血写的诉状、反封建斗争刀撰的檄文，写得悲怆惨恻、精警有力，宛如氢弹引爆，强烈地震撼着人们的感情世界。但是，名家名篇也难免有疏漏和瑕疵。如上所述，人们对"合成……浓云"还是"合成……音响"认识有分歧，不能不说和鲁迅先生原句结构失调导致语义不明有关系。笔者试加四个字，将原句调整为："我在朦胧中，又隐约听到远处的爆竹声连绵不断，仿佛看到似乎合成一天音响的浓云，夹着团团飞舞的雪花，拥抱了全市镇。"不知可否？

口语表达的制约因素说略

一定要实现四个现代化,这是国人上上下下的共识。然而,要想实现高速度、高效率的现代化,首先必须实现最重要的交际工具即现代汉语的规范化,却远未形成国人上上下下的共识。关于现代汉语规范化的重要性和迫切性,本文拟不直接涉及,只想就作为措施之一的"教师口语"课的一个带有实质性的问题作粗浅分析。

现代汉语的规范化主要靠教育来实现,实施教育的关键是教师,而教师的一个重要条件是口语表达能力,这是不争的事实。有的教师虽然学识未必渊博,但由于语言生动活泼,讲课有声有色,结果教学效果很好;而有的教师,虽有满腹经纶,但因为语言障碍,词不达意,言不传情,结果教学效果不好。陈景润作为著名的数学家,却当不了合格的中学数学教师,就证明了这一点。

现在,国家教委要求全国各级师范院校把"教师口语"作为公共必修课普遍开设,这不仅是改革师范教育、提高师范教学质量的重大举措,而且是提高整个中华民族的语言素质乃至科学文化素质,加速实现四个现代化的重大举措。

然而,纳入教学计划,作为公共必修课普遍开设,并不等于学生口语表达能力的当然提高。要想提高口语表达能力,必须分析制约口语表达的各种因素,理顺口语表达与方方面面的关系,在此基础上有针对性地进行教育和训练,才能收到预期的效果。

那么,制约口语表达的因素有哪些呢?它们有来自说话者自身的,也有来自听话者的;有内在的,也有外在的;有属于语言的,也有语言范畴之外的。统括起来,概而言之,主要有意识形态因素、认识水平因素、知识水平因素、思维因素、心理因素、性格因素、技巧因素、环境因素、对象因素和综合因素十个方面。

1.意识形态因素

"什么藤结什么瓜,什么阶级说什么话"这句话现在已经很少有人说了,其实它并没有说错,只不过不能照字面去理解。其中所说的"话"应该是指话语所表达的思想内容,而"阶级"则应该是指意识形态而言。诚如所说,人们的意识形态不同,说、写出来的话语和文章的思想内容也就不同,有的唯物,有的唯心,例如著名的生物学家达尔文的《物种起源》认为,人是由已经灭绝的古猿进化而来的,类人猿是人类的祖先,而《圣经·创世记》却认为人类的祖先是亚当和夏娃,是由上帝创造出来的。人们的思维方式不同,对事物和现象的看法也就不同,有的见"仁",有的见"智",例如对《红楼梦》,"经学家看见《易》,道学家看见淫,才子看见缠绵,革命家看见排满,流言家看见宫闱秘事"①。可以说,任何一个正常人都是在一定的意识形态和思维方式支配下工作、学习和生活的。口语表达作为教师贯彻教育方针、实现培养目标的必要手段,作为教师进行教育和教学的经常性的行为方式,不仅不能不受到教师自身的意识形态和思维方式的深刻影响,而且绝对不能抛开学生的意识形态和思维方式。这是因为,意识形态和思维方式决定口语表达的内容和形式,而口语表达则只能服从和服务于意识形态和思维方式。当然,口语表达也不是完全消极地去适应,也有一定的反作用,但意识形态和思维方式的决定作用是不容置疑的。试想,如果一个人的口语表达水平很高,能力很强,甚至巧舌如簧,能发出龙叫唤,但他说的是假话、大话、空话,讲的是歪理、邪理,贩卖的是唯心论的货色,那么他的口语表达效果还能说是好的吗,还有价值吗？回答当然是否定的,"狗嘴里吐不出象牙"应该是最好的结论!

初步弄清口语表达与意识形态的关系,在培养和提高口语表达能力时,就不能只讲形式、不管内容;只讲口语表达技巧,不管世界观改造,而要组织学生认真学习马克思主义哲学,同时还要在语言教育和训练过程中,通过对语料的精心选用,和其他学科、其他活动的密切配合,进行世界观、人生观和价值观教育,进行爱国主义、社会主义和集体主义教育,在用生动优美的语言帮助学生启开知识宝库之门的同时,还要用先进的意识形态和辩证思维武装学生的头脑,使他们的口语表达既具有艺术性又具有真理性。

2.认识水平因素

《西游记》第27回写的是:金猴奋棒砸白骨,愚僧念咒护"村姑"。这说明,对同样的人事物象,有的人能看出问题,有的人看不出问题;有的人能看清问题的本质,有的人则被表象所迷惑。究其原因,除了看问题的立场、观点和方法不同外,就是认识水平的差异了。而认识水平与口语的关系又相当密切;不同的口语表达水平能反映出不同的内在认识水平,而不同的认识水平则又常常外化为不同的口语表达水平。要想具有较高的口语表达水平,必须具有较高的认识水平,必须站在坚实的大地上,用清醒的头脑、全新的思维、锐利的目光审视包括自己在内的整个世界,必须对表述对象即客观存在的芸芸众生、洋洋物象有全面的、历史的、深刻的认识;没有高水平的认识,就谈不到高水平的口语表达。设若一个人对某事物根本不了解,那么他对此能谈出什么呢?设若他的认识肤浅,那么他又怎能谈得深刻呢?以"己之昏昏"是不可能"使人昭昭"的!《三国演义》第38回里的"玄德闻言,避席拱手谢曰:'先生之言,顿开茅塞,使备如拨云雾而睹晴天。'"写的是口语表达得益于认识水平的情况。诸葛亮之所以能使刘备"顿开茅塞",主要靠的不是摇唇鼓舌、能言善辩,而是高瞻远瞩、洞幽烛微、雄才大略、远见卓识,一句话,认识水平高,因而他才能把形势分析得那样透彻,把道理阐发得那样深刻,把策略制定得那样精当,才能具有那样强大的说服力,才使他的口语表达取得了那样的成功。

初步弄清口语表达与认识水平的关系,在培养和提高口语表达能力时,就不能只动口不动脑,而要在语言教育和训练中,紧密结合教材内容和学生实际,刻意培养学生勤于动脑、善于思考的习惯,努力提高他们分析、归纳、综合、概括的能力,特别是透过现象看本质的观察能力和思辨能力。只有这样,学生才能在大幅度提高认识水平的基础上,迅速提高口语表达水平和能力。同时,因为提高口语表达水平和能力绝非小事和易事,而是攸关重大而又很难的事,所以还必须努力使学生具有明确的学习目的、饱满的学习热情、坚强的意志和强烈的使命感,只有这样,才能通过艰苦的长期的训练真正达到目的要求。

3.知识水平因素

教师们常说:"要给学生一杯水,自己就要有一桶水。"这个比喻的意思是说,作为一个教师,必须具有广博深厚的知识储备:要对学生恰到好处地点拨一两句,就得有数十句、数百句甚至更多的阐幽发微的话语垫底儿,就必须对问题的来龙去脉了如指掌,就必须对问题的本质洞彻清楚,就必须对问题的重点和难点抓得准、看得清。不仅教师是这样,一般人也是这样,而教师由其职业性质所决定,尤其要这样。如果他原先的底子就薄,继续学习又不努力,以致孤陋寡闻、知识面狭窄,那么他在发表意见、阐明事理时怎么可能左右逢源、随机应变、旁征博引、融会贯通呢?相反,如果他广泛涉猎、深钻精研,以致见闻较广博、知识较丰厚,那么在他摆事实讲道理时就可能在广阔的知识视野中迅速选取、组合语料并外化为生动流畅的口语表达,就可能文思泉涌、妙语连珠、口若悬河、滔滔不绝。所以说,知识水平是口语表达的基础和前提:脱离一定的知识,口语表达就是无米之炊、无源之水;具备丰厚的知识,口语表达才有筛选精当的余地,才有超水平发挥的可能。据预测,未来将是"博学""通才"的时代,只具有一门知识、只掌握一种技能将越来越不适应经济发展和社会进步的要求,而转行、跨行、合作将成为日趋频繁的社会现象,高素质的"博学""通才"将成为未来时代的骄子。因此,要想使学生提高口语表达能力,取得口语表达的理想效果,不仅要使他们掌握口语学科的专业知识,而且要使他们掌握相关学科的基础知识;既要具有决定知识结构的核心知识,又要具有辅助性的外层知识,即在"专"的前提下向"博"的方向发展。

初步弄清口语表达与知识水平的关系,在培养和提高口语表达能力时,就不能单从口语技能方面努力,而要不仅从加强基础知识和基本理论教学着手,使学生具有丰厚而又扎实的基础知识和基本理论,而且通过各种有效途径和现代化教学手段,使学生掌握多种应用知识和操作技术。还要从扩大信息量、丰富知识储备、提高筛选能力、优化知识结构着手,切实提高学生具有广泛适应性的现代科学文化的知识水平。所以,理工科学生要学习一些社会科学相关方面的基础知识,文科学生要学习一些自然科学相关方面的基础知识。因为,只有具有一定的社会科学知识,才能深刻地理解社会的需要,才能更好地研究自然界发展规律并将其成果应用于建设社会的实践;只有具有一定的自然科学知识,才能真正揭示自然界和人类社会的关系,才能把研究自然界的某些方法应用于改造社会的实践。只有这样,学生才能在提高知识水平的前提下,迅速提高口语表达水平和能力。

4.思维因素

有人说,语言不仅是思想的直接现实,而且是思维的工具。意思是说,人们不但在相互交际、交流思想时要运用语言,就是在进行思维、形成思想时也要运用语言。诚如所说,一个正常人无论在什么情况下都不可能脱离语言进行思维,而思维又在很大程度上制约着人们的语言表达。人们在口语表达过程中有时会出现"词不达意"和"语无伦次"的情况,究其原因,除了语言修养较差之外,更主要的是因为当时人们的思维本身就不清楚或不正确。要想讲明白,就要想清楚;要想讲深刻,就要想透彻,一句话,要想讲好,必先想好。然而置身于高速、高效的现代社会,口语交际一般不能像下围棋那样"长考",而必须当时当场即兴表达,这就需要一种快速反应能力。快速反应虽然在思维的条理性、逻辑性、准确性和周密性上显得差些,但在思维的即时性和适切性上会更上层楼;比有准备的发言难得多,然而锻炼和提高也一定会大得多。不过,我们中国人恪守"敏于行而讷于言"和"不打无准备之仗"的训诫,一向习惯于什么都想好了再讲。例如《围城》中的方鸿渐,留学归国后回家乡母校作讲演,因为临时穿错了衣服,找不着费了一个下午工夫写就的发言稿,结果闹出了信口雌黄、宣扬"梅毒""鸦片"的笑话。现在我们的领导者中许多人是不拿稿子不讲话,教师则全都是不写教案不登台,实在是谨慎有余而活力不足。其实,写讲稿并非坏事,它能把朦胧的思想清晰化、把断片的思索连体化、把纷乱的思绪条理化。但是,凡讲话必写稿,不拿稿不讲话,总是先写后讲,照本宣科,就会把随机性、应变性、灵活性给"稿"掉,而且一旦思维被框定、思想遭禁锢,又何谈口语表达的超水平发挥!

初步弄清口语表达与思维的关系,在培养和提高口语表达能力时,就不能单练"口"功,还要练"心"功,把口语表达训练和思维训练结合起来。为此,在教学过程中教师不仅要注意向学生提出富有启发性的问题,而且要鼓励学生多提疑难问题;不仅自己要注意正确、熟练地运用比较、分析与综合、抽象与概括、归纳与演绎等科学的思维方法,而且要注意对学生的训练和培养;不仅要引导学生全面、细致、深入地观察事物、现象及其关系,透过现象看本质,而且要在由观察所得的感性认识的基础上,对学生进行口语表达的思路和语脉训练:首先确定好表达的中心,然后确定好所要表达的人或事物的内在联系和时空关系,最后确定好表达内容的主次详略。这是因为,只有"慧于心",才能"秀于口";只有思维的流畅,才有表达的坦途。正确的思维方式和快速反应能力的形成之日,就是口语表达的成功之时。

5.心理因素

俗话说:樱桃好吃树难栽,山歌好唱口难开。这个比喻从侧面告诉我们,口语表达不但有内容和形式及其结合问题,还有个心理问题。在口语交际中,每个人都有一定的心理定式,即在过去经验的影响下心理处于一种准备状态,从而使口语表达带有一定的倾向性。值得注意的是,有时情感因素形成负面的心理定式,会造成口语交际的心理障碍:有的说话者对所讲内容的正确性缺乏自信,或对内容没能理出头绪,以致逻辑混乱、条理不清,或对词语的选择、句式的确定没有把握,或面对的是高层领导、顶头上司、父母和其他尊长,因而感到胆怯、紧张、拘束,属于不敢讲类型;也有的说话者自己对所讲内容不感兴趣,或预料听话者对所讲内容不感兴趣,不会给予自己以理解、同情和支持,或环境和气氛不利于交谈,或内容涉及业务机密、个人隐私,属于不愿讲类型。不论哪种类型,其表现常常是:讲话气微声弱,没精打采,要么开头就卡壳,原先想好的话一下子全忘了;要么勉强开了头,但底下的词怎么也想不起来,难以为继,要么慢慢腾腾、吞吞吐吐,前言不搭后语,而且常常弄得脸红脖子粗、额头涔涔冒汗珠。从表面上看,这是胆量问题,是人为的紧张造成思维的抑制,实际上这是思想严重缺钙、心理承受能力低的问题,说到底,是缺乏信念。而信念是由认识、情感和意志铸成的合金,它是一个人坚信其思想目标的正确性且能自觉付诸实际行动的强大内驱力,是一种稳定化和自动化了的心理倾向。一个人缺乏信念,也就丧失了自信心,自卑感就乘虚而入,于是也就既不愿讲,更不敢讲了。不愿讲,有些内容当然可以不讲,但"灯不挑不亮,话不讲不明",该讲的也不讲,长此以往,会形成内向封闭型性格,不仅容易误事,而且可能使人患抑郁症;不敢讲,思想闸门打不开,思路就会阻塞,就会语无伦次,就会事表不明、理讲不清、情抒不畅,又何谈说服人、教育人、感染人呢!

初步弄清口语表达与心理的关系,在培养和提高表达能力时,就不能"头痛医头,脚痛医脚",而要从根本上解决问题:在组织学生认真学习马克思主义哲学、积极参加社会实践的活动中,使他们掌握辩证的思维方式,树立起对马列主义、社会主义的坚定信念和"我是国家主人""手中握有真理"的必胜信心。同时,还要采取具体措施,排除学生在口语表达上的心理障碍。比如,要求学生提前熟悉口语交际的环境和对象,消除陌生感;尽快进入角色,真正把自己融入口语交际活动中,既"目中无人",又"忘掉自我",消除畏惧感;屡现"场面"刺激,强化即兴发言锻炼,消除不适感;等等。实践证明,"忘掉自我"是突出角色、消除羞怯的良药,"屡现刺激"是淡化刺激、增强适应性的验方。

6.性格因素

性格是一个人表现在对现实的态度和行为方式上稳定的和习惯化的心理特征。按心理活动的倾向性,可以分为内向和外向两种基本类型。按照心理学的解释,每一个人的神经类型会赋予每一个人异于他人的精神外貌,会形成每一个人不同的气质和性格,而不同的气质和性格对口语交际会产生不同的影响:内向性格的人用词比较谨慎,表达委婉含蓄,一般不善交谈,特别是在公共场所显得比较腼腆拘谨;外向性格的人大多热情大方,活泼开朗,直言不讳,善于交谈。作为一个教师,如具有外向性格,一般来说,口语表达不会成问题;如果具有内向性格,那就要努力改变它,以适应培养和提高学生口语表达能力的需要。一个教师绝不能把自己的弱势性格和不愉快情绪带进课堂,影响学生,而应该主动地积极地调控自己的性格,调控自己的情绪,"把套鞋脱下来留在室外的过道里"。这是因为一个人能否主动地积极地调控性格、调控情绪,决定他能否有效地运用和发挥他的智能和潜力。而对具有不同性格的学生,特别是对性格内向,不爱说话的学生,教师一定要了解和分析其不爱说话的原因:是思维迟钝、反应慢,还是笨嘴拙舌、发音不准;是胆怯怕羞,还是唯恐言多有失;是个人原因造成,还是家庭环境所致……只有找准病因,才能对症下药,取得理想疗效。从某种意义上说,教师的职责就在于启发学生"开口",就在于培养和提高学生口语表达能力。而要做到这一点,则又必须从转变学生的内向性格入手。

初步弄清口语表达与性格的关系,在培养和提高口语表达能力时,就不能单求之于学生、单求之于训练,而要反求于教师自身、反求于性格的转变。多读书、读好书是修身养性、净化灵魂、优化性格的好办法;加强人际交往,积极参与各种有益活动,在社会化的大环境中磨炼,是完善和调谐性格的好途径;自觉省察自己,善于解剖自己,是克服弱点、重塑性格的必由心理历程。与此同时,要从学生的实际出发,从转变学生的内向性格入手,努力把他们引导到提高口语表达能力的兴趣、情感和意志上来。

7.技巧因素

古人说:言之无文,行而不远。意思是说,一篇文章或讲话,如果只有好的内容,没有优美的形式,是不会流传久远的。其中的"文",除了文辞文采之外,似乎还应该包括表达方法和技巧在内,因为没有好的表达方法和技巧,也就谈不到好的形式,那么好的内容又将焉附? 有的人"茶壶煮饺子——有嘴儿倒不出来",常常不是无事可谈、无话可说,而是"老虎吃天——无从下口",不知道应该先讲什么、再讲什么、后讲什么,不知道应该选用什么样的词语、什么样的句式、什么样的话语结构来表述才能适切题旨情境,不知道应该选用什么样的表达方式才能使对方容易接受。这里有词语的积累和储备问题,有话语的组织和结构问题,还有说话的方法技巧,即言语艺术问题。同样一句话,一个人一个讲法,讲法不同,效果当然也就不一样了。有的事情需要单刀直入、直截了当,绕弯子讲就不好;有的人话从正面讲、直接说会对他形成压力,甚至造成某种刺激,就必须绕道而行,婉转曲折地表达。即是说,对不同的人和事,在不同的时间和场合,必须采取不同的表达方式和技巧,不能不管人事时地,一口贯之。讲话要讲究技巧,这对所有人都适用,而对教师来说尤其重要,这是因为教师职业口语兼有表意、指示、传情和教育等多种功能,在很大程度上影响和决定着教育和教学工作的成败。所以教师口语不仅要具有科学性和教育性、哲理性和启发性,还要具有很强的审美情趣和声情意的和谐一致。总之,口语表达不但是语言交际的一种技能,而且是语言教学的一种艺术。它是整个教育和教学艺术的重要组成部分,是对教育和教学语言的创造性运用。

初步弄清口语表达与方法技巧的关系,在培养和提高口语表达能力时,就不能重内容而轻形式,而要同时并重,把方法和技巧问题提到应有的认识高度,采取措施,加以解决。一方面,教师要加强自身的语言艺术修养,不断地学习那些富于生命力和表现力的语言精华,尽可能多地掌握各种修辞手法,尽可能多地掌握谚语、成语和典故,并把它们糅进口语教学中,从而增强教学语言的形象性、生动性、趣味性和警策性,增强教学语言的吸引力和感染力。另一方面,要加强对学生进行严格的口语表达训练,不断完善科学、系统的训练方法,悉心指导学生在共鸣控制和吐字归音上做文章,苦练"用气发声"的基本功,并力求使他们通过艰苦的训练掌握气音、颤音、拖腔、泣诉和笑语等声音技巧,以适应毕业后能用高标准的教师职业口语从事教育工作的需要。

8.对象因素

俗话说:看菜吃饭,量体裁衣。这就昭示我们,口语表达必须考虑交际对象。交际对象是指口语交际活动中的个体听话人或群体听话人。说话人在口语交际中一定要时时保持"听众观念",眼中、心中都要有听话人;一定要考虑到听话人的年龄、文化程度、身份地位、性格特征、兴趣爱好、思想情绪、健康状况以及与说话人的特定关系;而且一定要随时观察听话人的情绪反应:什么时候情绪激动,什么时候心不在焉,及时调整话语内容,恰当选用听话人比较熟悉、能够理解、比较感兴趣、乐于接受的话题和词语;更主要的是,说话人一定要谦虚谨慎,开诚布公,尊重听话人的人格,与他们作平等的心灵交流。只有这样,才能真正达到沟通感情、交流思想、传递信息的目的。教师口语交际的主要对象是学生,而不同的学生有不同的情况,教师必须针对不同学生的不同情况,采取适当的表达内容和方式,及时调整好教育和教学语言;不了解、不掌握不同学生的不同情况,就会产生数学家给小学生讲微分方程或小学教师给科学院院士讲自然常识的现象:要么过于艰深,难于理解,听不进去;要么浅薄得像一碗白开水,没啥滋味,不值得认真听。

初步弄清口语表达与交际对象的关系,在培养和提高口语表达能力时,就不能无的放矢、"对牛弹琴",而要根据职业特点确定自己的主要交际对象,并且根据交际对象的具体情况确定口语表达的内容和形式。这就需要首先做好调研工作,了解听话人的接受能力和理解水平,了解他的兴趣爱好和心理需求,了解他的个性特征和内心活动。在此基础上,选择听话人感兴趣并且适切需求的话题,以诚相见,平等相待,用亦师亦友的口吻讲话;根据反馈信息,适时调整话语内容,以便使口语表达获得理想的效果。

9.环境因素

德国学者施太格缪勒指出,"每个个别的语言表达都嵌在比较广阔的语言和超语言行为的环境之中"。这就是说,口语表达总是在一定的环境中进行,总是和一定的时间、地点、场合相联系;一定的时间、地点、场合要求口语表达的内容和形式与之相谐和,不然的话,口语表达就会"不合时宜"或"不合地宜",达不到预期的效果。换句话说,口语交际离不开特定的环境,特定的环境制约着口语交际。口语交际的环境可以分作内环境和外环境两种:

内环境指的是由语言因素构成的语境,外环境指的是由语言因素以外的主客观因素构成的现实环境。外环境则又可以分作大环境和小环境两种:大环境主要是指社会环境和时空背景,小环境是指说话者和听话者双方的情况。社会环境一般来说会对口语交际从宏观上起烘托和协调作用,但恶劣的社会环境则又会产生或加重人们口语交际的心理障碍。直到十一届三中全会从政治上拨乱反正之后,人们才得以解放思想、畅所欲言,出现了空前宽松的社会环境。时空背景对口语亦有很大影响:优美的自然环境会使人精神愉快,促使口语交际顺利进行,恶劣的自然环境会使人在精神上感到压抑,乃至影响口语表达的效果,特别是具体的时间、地点、场合、情势对口语表达的影响更为明显:同样的话在某一时间能说,而在另一时间则不能说;在某一地点能说,而在另一地点则不能说;在某种场合能说,而在另一种场合则不能说;在某种情势下能说,而在另一种情势下则不能说。所以说,口语表达必须考虑到这些客观条件的制约作用。至于说话者和听话者双方的情况对口语表达的影响,因各有专节述及,故不赘言。

初步弄清口语表达与环境的关系,在培养和提高口语表达能力时,就不能跳出三界外,在真空里进行,而要把口语交际置于一定的时空条件下和真实的语境中,因人而宜、因事制宜、因时制宜、因地制宜地加以训练,灵活地把握时机,巧妙地随机应变,控制住整个交际过程。既要主动地运用语言去适应环境,又要利用环境去调动和激发语言。还要使学生学会借景生情、借题发挥,把社会环境和时空背景融于口语表达内容,以引起交际双方感情上的共鸣。最重要的是,要营造一个宽松和谐的环境,造成一种民主、自由的氛围,以便通过紧张、愉快的训练,迅速提高口语表达能力。

10.综合因素

当代科技发展的基本特点是学科的高度分化与高度综合相结合,在分化的基础上又向高度综合发展。不但各门自然科学之间、基础理论科学和应用科学之间相互交叉,而且自然科学与社会科学、人文科学之间也相互渗透;不但各科知识之间互相渗透,而且研究方法也互相移植。口语交际过程是一个综合的过程,口语表达是一门以语言学为基础的新兴的边缘学科。

它和生理学、心理学、文化学、口才学、教育学等学科都有着非常密切的关系,而和语言学的关系最为密切,涉及语言学的各个分支。在语音方面,它研究发音原理和方法、吐字归音训练的方法、读说的语音技巧等;在词汇方面,它研究口语词与书面语词的区别、方言词与共同语词的区别、词语对语境等制约因素的适切等;在语法方面,它研究口语中的省略形式、变化形式,方言语法与共同语语法的差异等;在修辞方面,它研究各种修辞手法在口语中的综合运用等;在语境方面,它研究时间、地点、场合以及交际对象等对话语的影响;等等。

初步弄清口语表达与综合作用的关系,在培养和提高口语表达能力时,就不能搞单出头、唱独角戏,更不能"一齐人傅之,众齐人咻之",而要树立"教师口语"的大教学观,从语言学、生理学、心理学、文化学、口才学、教育学等相关学科,语音、词汇、语法、修辞、语境等语言学科的相关分支,语文、政治、历史、地理、数学、物理、化学、生物等相关课程和专业多方面、多角度、多层次着手,结合各科教学进行口语表达训练,各科教师都应成为口语表达训练的指导教师;还要组织学生广泛开展讲演会、辩论会、朗诵会、故事会等活动,把课内练和课外练结合起来,舍得在课外下功夫,坚持自觉练、天天练。只有这样,才能在综合培养的基础上,通过专门训练取得理想的效果。

(三)综上所述,十个制约因素和口语表达构成了十种制约关系。分析这十种制约关系,我们认识到口语表达训练必须贯穿各门课程、贯穿各个教学环节、贯穿各种教育活动,一句话,贯穿教育和教学的全过程,才能真正奏效。只有在多渠道、多形式综合培养的基础上,突出训练环节,强化课外活动,才能大幅度地、迅速地提高学生的口语表达能力。

附注　①《鲁迅全集》第 7 卷,第 419 页。

②《左传·哀公二十五年》。

参考书目:夏中华主编《教师口语》。

关于普通话水平测试若干问题的思辨

在国家教委、国家语委的亲切关怀和直接领导下,我们省和市的普通话水平测试工作起步较早,抓得较实,效果较好。但是,我们在实践中感到:要把测试工作搞得更好,要使推普工作跃上一个新台阶,要想早日实现现代汉语规范化,还必须解决以下几个认识问题。

一、测试只是一种手段,不是目的

有的学校,测试一结束,喇叭里立刻就没有了"推普"的声音,"推普"专栏换成了别的内容,"国家推广全国通用的普通话""讲普通话是建设两个文明的需要"的横幅标语收起来了,"请讲普通话""讲普通话光荣"的标语牌破损了无人整修;师生中未获得国家规定的相应等级证书的并不着急上火,而安之若素;已获得国家规定的相应的等级证书的见好就收,知足常乐,并不想继续努力,争取达到更高的层次;课堂上、校园里师生们不再坚持讲标准或比较标准的普通话,"普通话热"骤然降温,很快就冷却在方言的大海之中了,出现了普通话水平大幅度回落的现象。

这是一种应该引起注意的现象。这种现象告诉我们:这些学校的领导和师生认为,测试评出级和等即大功告成,证书发放完毕就完事大吉。这表明,他们有意无意地把测试当成了目的。

其实,测试既不是终极目的,也不是近期目标,而只是一种手段,它是对个体普通话水平的鉴定,是对前一阶段"推普"工作的检查和评估。它不是也不可能是"推普"工作的终结,而只是"推普"工作的一个承上启下的环节。和目的不同,手段只是为了达到某种目的而采取的具体方法和措施。方法和措施固然重要,但目的更为重要。这是因为,目的是灵魂、是统帅。所以,我们任何时候都不能忘记目的。忘记目的,势必陷入盲目和盲动,势必走过场,流于形式,势必水过地皮湿、扎不下根系。一句话,忘记目的势必达不到目的。那么测试的目的到底是什么呢?我个人认为,测试的直接目的就是推动一下"推普"工作,根本目的则在于提高说用普通话的水平,促进祖国语言纯洁健康地向前发展,推动现代汉语向标准化、规范化的方向前进,从而为经济贸易、文化教育、科学技术和社会发展以及人际交流提供一种各民族各地区之间通用的信息载体和交际工具。至于新时期"推普"工作的目标,则是要在21世纪内达到"四用语"。现在看,不要说终极目的相距甚远,就是近期目标恐怕也难以按时达到。所以说,推广和普及普通话的工作并不像有些人想得那样简单,并不能毕其功于一次测试,而必须坚持数年,艰苦努力,才能真正达到预定的目标和目的。

二、测试必须实事求是,不能弄虚作假

有的学校对待普通话水平测试工作的态度不够严肃和端正。表现之一是测试的准备工作松松垮垮,动员会不召开,"精神"不传达;"推普"组织也不真正成立,只是临时列个名单,打印上墙,应付检查;主要领导无人过问"推普"工作,更不带头学说普通话;摸底测试马马虎虎,强化训练干脆"炒"了它。美其名曰:实事求是,不整景儿。表现之二是正式测试时降低标准,"从宽发落":不合格提为合格、三乙提为三甲、三甲提为二乙、二乙提二甲……于是,测试工作圆满完成,全体测试对象皆大欢喜,就连一向说不好普通话的南方籍部队转业干部也轻松过关,当然也就没有谁不合格的了。美其名曰:具体情况具体处理,灵活掌握。表现之三是测试后不分析、不总结,不了了之。美其名曰:不画蛇添足、拖泥带水。

他们之所以采取这种态度,究其原因,除了对"推普"测试的目的意义缺乏认识,而又受社会上弄虚作假的不正之风影响外,还存在一种糊涂想法,那就是:普通话是以北京语音为标准音,以北方话为基础方言的,所以推广普通话主要是南方人的事,我们北方省区的人不学也会说,不学也比学的南方人强,测试自然应该合格。

其实,推普并不仅是南方人的事,北方人也有许多工作要做。最重要的是要认识到,北方话并不等于普通话。它和普通话尚有较大差别,就连北京人也还需要认真学习才能真正说好普通话,何况其他北方人呢?岂能自然

合格！比如，普通话平翘舌严格区分，而辽宁铁岭方音却含混难辨，有的只有平舌音，没有翘舌音，把"爪"读成"早"、"巢"读成"曹"、"山"读成"三"，有的虽有翘舌音，但所领字分辨不清，经常自由变换，把"诗人"读成"私人"，有时又把"私人"读成"诗人"。再比如，辽北一些方音还常把零声母字读成 n 声母字："张木匠 nài（爱）穿破棉 nǎo（袄），小飞 né（蛾）气得 náonáo（嗷嗷）叫，né（饿）了不能喝 nōu（欧）粥，本山 nān（安）排唱《小草》，脱下 nāng（肮）脏破棉 nǎo（袄），nēn（恩）nài（爱）夫妻又和好。"再比如，辽北一些方言调值常常读不到位，55 的阴、天、刮、风读成44,214 伞、雨、表、跑读成 213,51 地、陆、类、调读成 42 或 52。调类所领字也多有不同，刹 shā 读成 shà，媳 xí 读成 xǐ，匹 pǐ 读成 pī，劣 liè 读成 liě。另外还有不少土语词，如"这疙瘩"（这地方）"啥前儿"（什么时候）、"撩骚"（挑衅）、"忽悠"（蒙骗）、"少扯"（少来这一套）、"血糊里拉"（夸张）。诸如此类，不一而足，不认真学习普通话对照纠正怎么能行！

所谓"实事求是，不整景儿"，实际是放弃主观努力，不在评估测试上下功夫的自然主义做法，是消极等待、盲目乐观的态度。所谓"不画蛇添足、拖泥带水"，实际是对"总结一次提高一步"缺乏认识的表现，是懒惰怕苦的托词。所谓"具体情况具体处理，灵活掌握"，实际是放弃原则，不坚持标准，弄虚作假，欺骗国家的行为。现在全国到处都在打假，然而制假、贩假、售假和作假仍很猖獗，从假烟假酒假药假化肥假种子，到假广告假合同假票据假人民币假大额国库券假文凭假档案，再到假乞丐假学生假记者假军人假警察假官员，再到假离婚假行乞假证人假现场假灾情假破产……真是无处不在、无所不有。在普通话水平测试中不可避免地也会出现此类现象。虽然未达触目惊心的程度，但也不可小觑、不容轻忽。它不但能使测试的可信度降低，甚至流于形式，使整个"推普"工作受到很大影响，而且能使社会风气受到损害，使精神文明建设受到冲击。所以，必须采取措施，加以防止和杜绝。

三、测试不是零打碎敲的工作，而是一项准系统工程

有的学校对普通话水平测试工作等闲视之，简单从事：测前不做准备，

测后不做总结,只是测时找几个普通话说得好一点的人来听普通话说得较差或不好的人念一念、读一读、谈一谈,然后打出分数、评出等级,就算完事。这说明,在他们看来,测试工作无足轻重,不过是零打碎敲的工作而已,不具有系统性的特点,到时候应付一下就可以了。其实不然。普通话水平测试是推广普通话工作的重要组成部分,是使推广普通话工作逐步走向科学化、规范化、制度化的重要举措。如果说,推广普通话是一项长期性的重要任务,那么,普通话水平测试就是一项经常性的工作;如果说,推广普通话是一项复杂的系统工程,那么,普通话水平测试就是一项并不简单的准系统工程。所谓"经常性",是说测试工作不能只搞一次完事,必须一次又一次地间隔进行,直至"推普"任务最终完成;所谓"准系统工程"是说每一次测试工作虽然算不上标准的系统工程,但也不能东一耙子西一扫帚,必须既分期、分阶段而又连续有序地进行。这个准系统工程可以也应该一分为三:前期准备阶段,中期实施阶段,后期总结阶段。

准备阶段首先要把测试的对象、范围、所要达到的目标和各个项目的量化标准提前通知测试学校,以便测试学校有较充裕的时间做好各项迎测准备工作。应该说,测试本身并不十分重要,最重要的倒是迎测准备。只要这项工作做好了,测试的目的也就基本达到了。在这个阶段,国家语委不但要作决定、发通知,更要督促、检查和指导。测试学校则要做许多具体工作,如:开好迎测动员会,传达测试精神;选拔和培训测试员;在自测摸底的基础上,针对语音失误的普遍情况进行全面辅导,针对语音失误的重点对象进行强化训练。值得注意的是,测试学校一定不能被动等测,而要主动迎测。只有紧紧抓住测试之机,借助测试东风,才能把推普工作推向前去,把师生的普通话水平提高一步。

实施阶段主要是掌握好测试标准,在定量与定性的结合上做好评分定级工作。定量工作,只要测试员水平较高、态度端正,还是容易做到的,但定性工作因为没有具体的尺度可以衡量和把握,容易出现畸高畸低的现象,所以必须事先通过试测加以协调和统一。

总结阶段常被忽略,而这个阶段又恰恰是测试能否圆满成功、"推普"

工作能否跃上一个新台阶的关键。在这个阶段,重要的不是公布等级,发放证书,而是要做好定量统计和定性分析,并在此基础上做好总结,反馈测试结果,肯定成绩,指出问题,分析原因,明确方向。

准备、实施和总结作为普通话水平测试的三个阶段,密切关联,缺一不可。因此不能只搞评分定级,不搞强化训练,不搞结果分析和反馈;也不能各搞各的,没有照应,而要统筹兼顾,协调行动,以求切实把这项工作做好。推广普通话是一项长期的政治任务,普通话水平测试作为推广普通话工作的重要组成部分,不能一次测试定终身,而要经常地定期或不定期地进行测试,以求滚动发展、逐步提高。

四、测试旨在强化规范意识,而不只是完成一项操作规程

测试完全按照操作规程办事,严肃认真,一丝不苟,科学合理,准确公正,成绩很好,等级很高。这是不是意味着已经圆满地完成了测试任务了呢? 回答是否定的。这是因为:设若有人问,我国现有法律法规中有哪些载有"推广普通话"的条款? 载入法律法规说明什么? 什么是国家规范? 为什么要有国家规范? 为什么说"推普"是政府行为、执法行为? 这对我们公民意味着什么? 如果测试对象中多数人答不上来或答不完全,就说明我们对这些问题还不甚清楚,还认识不到位,就说明我们的规范意识还不强,还没有真正从思想上达到标准。那么,普通话水平下降或回落就在所难免,甚至是必然的,因为它缺乏坚实的思想基础、缺乏原动力。因此,我们在接受训练、参加测试时,还必须通过学习树立并强化规范意识。

树立规范意识,首先就要了解什么是规范,即规范的内容和性质是什么。在我国,不仅《宪法》明确规定"国家推广全国通用的普通话",而且《民族区域自治法》《教育法》《义务教育法》《爱国主义教育实施纲要》等也都有推广普通话的规定。这些法律法规明白无误地告诉我们:普通话是现代汉语的国家规范。这个规范不是某个专家学者的个人意见,而是代表亿万劳动群众利益的政府行为;这个规范现在已不再是一般性的提倡和号召,而是非常严肃的执法行为;这个规范不是可办可不办的软要求,而是中华人民共

和国每一个汉族公民必须自觉遵守、严格履行的义务和责任。

树立规范意识，还要明确为什么要有规范，即规范的目的和意义是什么。为什么要有规范呢？因为我们说的和听的可感载体只有是同质的才能达到表达和领会两方面的有机统一，才能实现畅达的交际和交流，而要做到同质，就必须实行规范。如果现代汉语不规范、不同质，那么方言差异就会妨碍不同地区汉族人民的交际，就会给各少数民族人民学习和使用汉语增加许多困难，就会阻滞我国的经济、科技、文教乃至整个社会的发展。而且，这个规范不单是中国自己的要求，也是国际社会的共同要求。联合国的国际化组织经过研讨并且投票决定，汉语以普通话为标准。既然国际上绝大多数国家已经共同认定了，我们自己怎能反倒不遵照执行呢！更何况，这个规范还是电脑迅速发展和广泛应用的迫切要求。如果我们做不到这一点，那我们就将置身于国际信息网络之外，就将自外于国际高科技领域。

树立规范意识，还要明确我们应该怎样执行规范。要执行规范，就要明确学习和使用普通话是公民的义务和责任；就要明确哪些是规范的、哪些是不规范的，应该怎么说、不应该怎么说，而不是我想怎么说就怎么说、我愿意怎样说就怎样说，置国家规范于不顾；就要自觉遵守规范，严格执行规范；就要认真学好普通话，带头说好普通话。要执行规范，就要明确推广普通话是政府行为，就要由国家语委及有关部门切实负起领导和指导的责任，就要在经费和编制上给以支持和保证。要执行规范，就要明确推广普通话是执法行为，就要不仅向各级各类学校而且向各级政府和重点行业部门提出要求，就要监督检查他们的执行情况，就要在评职定级和升迁调转时严格把好持证上岗这一关。

以上所述四个方面的问题，虽属个别，却有一定的代表性；虽在程度上未必都有那样严重，但都是关系到"推普"工作能否跃上新台阶的大问题。所以，我不避"危言耸听"，贸然提出，希望能引起一点警觉。我相信，对于普通话水平测试工作，只要我们能以"准系统工程"的眼光看待，以"实事求是"的态度来处理，只要我们能强化"规范意识"，抱定不达"目的"决不罢休的决心，就一定会搞好，就一定会达到在全国普及普通话的目的。

空穴来风 ≠ 毫无依据

1996 年 8 月 30 日《光明日报》"家庭周刊"刊登的《市民该不该交垃圾税》一文,针对北京市许多市民认为自己和垃圾处理是"井水不犯河水",交垃圾税是"越位"行为的糊涂观念,提出了"人们制造出了垃圾,就有责任和义务处理垃圾""谁享受了垃圾'无害化'处理的好处,谁就该负担税赋"的正确看法和合理主张。这无疑是值得肯定的。只是该文第二个小标题的前半部分——"征税:并非空穴来风",值得商榷。从具体内容看,这个小标题前半部分的意思应该是:征税并非没有道理(或没有根据)。其中"空穴来风"的意思似乎是:毫无根据。但在实际上"空穴来风"的意思不是这样。

"空穴来风"是一个成语,出自战国时期宋玉的《风赋》第二段,现节录如下:

> 王曰:"夫风者,天地之气,溥畅而至。不择贵贱高下而加焉。今子独以为寡人之风,岂有说乎?"宋玉对曰:"臣闻于师:枳句来巢,空穴来风。其所托者然,则风气殊焉。"

楚襄王的问话且不管它,只看宋玉的答语。这个答语的大意是:我听老师说,枳树多句(gōu)曲,鸟才来作巢;(门户)有孔洞,风才乘虚而入。是它们所寄托的事物使它们这样的,于是风和气才有所不同。很显然,"空穴来风"的本义是"有孔洞,会招风",而后来则只用由此而产生的比喻义。对它的比喻义人们的理解又有所不同。有的认为它比喻"流言乘隙而入"(《辞海》第 2158 页、《汉语成语词典》第 321 页)或"流言、消息乘隙而传布"(《新华词典》第 476 页),有的认为它比喻"授人以隙"(《汉语词典》第 415 页)或"行为有缺点,给人攻击的借口"(《四角号码字典》第 195 页),还有的认为它比喻"消息和传说不是完全没有原因的"(《现代汉语词典》第 647 页)。这些词典都认为这个成语是个比喻,都含有"因为有隙、有缺点、有原因,所以才……"的意思。

那么,《光明日报》这篇文章里的"空穴来风"用的是哪个比喻、表述的是哪种意思呢？让我们简单地分析一下。征缴垃圾税，在世界上许多国家早已司空见惯，在中国武汉等城市也已开始试点，可见它不是什么流言，而是已经付诸实施的客观事实；不是什么见不得人的勾当，而是堂堂正正的政府行为，所以解作比喻"流言乘隙而入"或"流言、消息乘隙而传布"，纯属无稽之谈。征缴垃圾税，以便对垃圾作"无害化"处理，这不是什么蝇营狗苟、谋取少数人私利的事情，而是关系到千家万户、为了千百万人的公益事业；不是什么心血来潮、头脑发热的产物，而是严格按照计划、测算、宣传、立法、实施五大环节进行运作的系统工程，所以解作比喻"授人以隙"或"行为有缺点，给人攻击的借口"也是无征之词。现在需要的不是查究有没有征缴垃圾税这码子事，也不是要判定征缴垃圾税会带来哪些麻烦，而是讨论为什么要征缴垃圾税，征缴垃圾税有哪些理由和根据，所以"空穴来风"解作比喻"消息和传说不是完全没有原因、没有根据的"，较为确当。按照这种理解，"空穴来风"这个成语本身表示的就是否定之否定即肯定的意思：征缴垃圾税还是有原因、有道理、有根据的。而《光明日报》这篇文章在"空穴来风"这个成语前又加上了一个否定词语"并非"，于是变成了否定的意思：征缴垃圾税是没有原因、没有道理、没有根据的。这显然有违作者的本意和初衷！

从"空穴来风"的错用看，我们在运用成语时，不仅要在了解字面意义的基础上，弄清它的实际意义，而且必须弄清它的比喻义和引申义，切不可望文生义。

《光明日报》上《市民该不该交垃圾税》一文的这个小标题的前半部分似可改为"征税：虽然合情合理"，这样就和后半部分"实施：还有三大难关"相吻合了。

漫议"辉煌"语法意义的嬗变

一个时期以来,"辉煌"一词不仅脍炙人口,而且经常见诸报刊,使用频率居高不下。不过,头些年只限于一般用法,最近两三年"辉煌"一词则挟一种新兴用法频频亮相,更使它功能特异、面目一新。现摘引数例如下。

①七座金杯凝聚多少汗水,中国乒乓健儿再创辉煌。(1995 年 5 月 15 日《中国教育报》)

②正是由于作品具有浓厚的中国作风和中国气派,就为它实现以史为鉴、再铸辉煌的写作目的创造了坚实的条件。(《求是》1995 年第 17 期,第 17 页)

③再造中华辉煌——邓小平纪事。(《党建文汇》1995 年第 8 期,第 47 页)

④可以相信,在今后的时光里,八钢会创造出更加灿烂的辉煌。(1995 年 7 月 7 日《光明日报》)

⑤这次纪念大会,是我国几代电影工作者团结鼓劲的大会,也是我国电影开创新辉煌的誓师动员大会。(1995 年 12 月 28 日《光明日报》)

⑥祖国前程似锦,青年重任在肩,今日蓓蕾初绽,明朝栋梁成材,让我们更加发愤图强,共同铸造明天的辉煌。(1994 年 6 月 21 日《中国教育报》)

⑦"金腾"邀您共筑辉煌。(1995 年 8 月 18 日《文汇报》)

⑧再展辉煌。(1995 年 9 月 28 日浙江电视台栏目)

⑨四十年来,他们正是靠着这样的坚强意志和创业精神,同舟共济,艰苦创业,书写着昨日的艰辛、今朝的成功和明天的辉煌!(1995 年 6 月 5 日《光明日报》)

⑩夕阳抹着房前的窗棂,给我们的屋子渲染了一种进入朦胧前的辉煌。(《海内外读者精华》青竹号第 A30 页)

⑪展望未来,她期望自己能够实现李玲蔚那样的辉煌……(1995 年 10 月 31 日《体坛周报》)

⑫每一个成功者的背后大都有一部艰辛的历史,每每看到事业的辉煌,

一幕幕往事就闪现在张一立的眼前。(《统战月刊》1995年第10期,第24页)

⑬我相信,每一个人一生中都一定会有辉煌。(1994年10月29日《辽宁职工报》)

⑭我也曾拥有过骄傲,拥有过辉煌啊,三好学生、班长、共青团员……天啊,为什么仅仅三年,我就坐上了这可怕的警车,就失去了所有的美丽和辉煌?(《辽宁青年》1994年第16期,第14页)

⑮梵·高的一生,是痛苦的一生,是痛苦使他领略了生活的底蕴,是痛苦磨练了他的意志,是痛苦砥砺了他的锋芒,是痛苦使他的生命力和创造力得以持续和迸发,是痛苦使他走向了辉煌。(1995年6月28日《中国青年报》)

⑯他们走近了辉煌,走近五千年乘九百六十万平方公里的深邃与广博。国家也辉煌了他们,"山临绝顶我为峰",在精神领域你绝对可以采到足够的例证。(1995年9月27日《光明日报》)

⑰烈士血染的红旗辉煌了近半个世纪祖国的历史,还将辉煌祖国的未来,辉煌整个世界。(铁岭师专学生升旗寄语)

值得探究的是,作为备受时人青睐和宠爱的语言舞台的大明星,"辉煌"到底有什么根柢?正在扮演何种角色?缘何如此当道走红呢?

查1939年出版的旧《辞源》、1983年出版的新《辞源》和1936年出版的旧《辞海》,均无"辉煌"词条,可见"辉煌"一词兴起较晚,历史不长。查《汉语词典》《辞海·词语分册》《现代汉语词典》《新华词典》《常用词用法例释》关于"辉煌"的解释,虽有广狭之分、概括和具体之别,但在实质上是相同的,即"光辉灿烂";从释义看词性,或直接或间接都认定其为形容词;从引例看功能,或直接或间接都表明其在句中不是作定语,就是作不带宾语的谓语,如"同志,你还有什么不满意的?其实我们分明看见另一场更加辉煌的日出。"(作充当宾语的中心语的定语)"站台上灯火辉煌……"(作充当谓语的主谓短语的谓语)舍此二者,别无他用。这就是说,作为一个形容词,"辉煌"在句子或短语中作定语或不带宾语的谓语,这是它的常规用法,体现的是它的基本语法意义。然而,前引例①至例⑪中的"辉煌"固然仍应看作形容词,但不是作定语或作不带宾语的谓语,而是或单独或和别的词语构成偏正短语,在句子或短语中作宾语或宾语中心。这是"辉煌"的超常用法、新兴用法,体现的是它的非基本语法意义。

也许有人会问:"辉煌"不是形容词吗? 能作宾语吗? 经典著作有这样使用、词典辞书有这样解释的吗? 这岂不是"越位"和滥用吗?

诚然,"辉煌"作为一个形容词,由一般不作宾语到常作宾语,确乎超常"越位"了,但不能说滥用。这是因为,我们分析语言现象不能从经典著作和词典辞书出发,而要从语言实际出发;不能用某些常规和定式去限制和抹煞人民群众创造出来的活生生的语言事实,而要尊重既成的语言事实,只要它在事理上说得通、合乎逻辑,或者虽在事理上结构上说不过去,却普遍使用,已成"气候"。"辉煌"的这种用法作为既成的语言事实,已很"普遍",已成"气候",这自不待言;更重要的是,它还合乎事理、合乎逻辑,所以它一经出现,很快就风靡开来。可见它绝不是生造和滥用的结果,而是由语言本身的原因和社会心理的原因交互作用、自然形成的。

语言本身的原因可以从两个方面来考察。一者,从词汇意义和色彩意义来说,"辉煌"词义涵盖广、潜力大,不仅可以用来形容能够发光的具体事物的明亮耀眼、光辉灿烂,还可以加以引申用来形容能够带来光彩和荣耀的抽象事物的显著和出色,而且富有形象色彩和感情色彩,能够而且善于表现富丽堂皇宏伟壮观的美、只可意会不可言传的美,比"光辉""灿烂"之类形容词的词汇意义更丰饶、更厚重,色彩意义更鲜明、更强烈,因而也更富有表现力和感染力。现在人们很少说"光辉的成就",而喜欢说"辉煌的成就";很少说"灿烂的远景",而喜欢说"辉煌的远景",就是很好的证明。所以说,"辉煌"的超常用法是由它的词汇意义和色彩意义决定的,正所谓"能者多劳"。二者,从语法意义来说,"辉煌"作为形容词一般不能作宾语,但并非说它与宾语完全无缘,在任何情况下都不能作宾语,而是说它作宾语是有条件、受限制的。这个限制条件是由动词对宾语的选择性逆推出来的,即支配或关涉形容词的动词必须是表示心理活动、主观感受、主观追求或呈现意义的动词。只要满足了上列条件某一方面的要求,形容词就有资格在句子或短语中充当宾语。前举例①至例⑪中所用的"创""铸""造""创造""开创""铸造""筑""展""书写""渲染""实现"都是表示主观追求并带有呈现意义的动词,因此,形容词"辉煌"是可以受它们支配、作它们的宾语的。所以说,"辉煌"的超常用法又是由它的语法意义决定的;在一定的条件下作宾语,本是它作为形容词的应有之义。

社会心理的原因,是说"辉煌"的超常用法是反映现实的需要,符合人们的心理。当前,社会主义在中国大地上半个世纪的实践,已经奠筑起比较坚实的经济技术的实力基础,已经积累了正反两个方面的丰富经验。历史证明,中国人民在中国共产党的领导下,已经建成了初步繁荣昌盛的国家;未来还将证明,沿着中国特色社会主义现代化道路,我们必将建成具有高度精神文明和高度物质文明的发达国家。这是何等光辉灿烂、宏伟壮观的图景,这是谁人能不怦然心动、心驰神往的境界!而要描状这种图景和境界,要反映社会主义事业兴旺发达的现实,就需要和事业发展相适应、和人们的精神风貌相契合的高能量级的形容词语,于是,"辉煌"也就应运而走红了。

作了以上的粗略分析之后,我们似乎可以得出这样一个结论:"辉煌"由一般不作宾语到经常作宾语,是它在语法意义上的嬗变,在使用范围上的拓展;这种嬗变和拓展,不仅是一种应该承认的客观存在,而且是一种应该提倡的约定俗成的发展。

以上所说乃是"辉煌"超常用法的积极的主导的方面。而在另一方面,笔者窃以为,"辉煌"的走红也许还与当前社会上有所滋长的绮靡和浮夸风以及人们小有所成即志得意满而不思更大进取的小农意识和趋安心理有关系。现在有人也不管当用不当用、够格不够格,就信手拈来,随意乱用,甚至把当过三好学生、班长和共青团员冠以"辉煌",把考试时的一个双百分、一张出色的图纸和一篇满意的文章也目为"辉煌"。他们把说写"辉煌"视为一种时髦,当作一种时尚。应该说,这是"辉煌"使用的误区。而且,世界上一切事物的存在和发展都是有条件有限度的,离开一定的条件,超出允许的范围,就会阻滞发展,甚至取消存在。"辉煌"的超常用法正是这样,前引例

⑫至例⑯中的"看到""走向""有""拥有""失去""走近"都不是表示心理活动、主观感受、主观追求或呈现意义的动词，因而都不能带形容词"辉煌"作它的宾语，"看到……辉煌""有……辉煌""拥有……辉煌""走向……辉煌""走近……辉煌"作为动宾短语都是不能成立的。特别是例⑯中后一个"辉煌"和例⑰中的三个"辉煌"，已经不是形容词作宾语的问题，而是连词性都变了，改作动词并且由它带宾语的问题了，这更是不能成立的。当然，并不是形容词绝对不能用作动词，如"端正""纯洁""健全""严明"等本来是单纯的形容词，后来某个颇具影响的人说写时超常"发挥"、破格"擢用"其为使动词，这在当时应该说误用。但时间一长，仿用的一多，就会习非成是，它们就逐渐取得了动词的某些语法特征并被固定下来，从而成为兼类词，即有时是形容词，有时是动词，在"态度端正""队伍纯洁""制度健全""纪律严明"中是形容词，在"端正态度""纯洁队伍""健全制度""严明纪律"中是使动词。然而，"辉煌"现在还不具备动词的某些语法特征，更谈不到被固定下来，所以它只是一个单纯的形容词，而不是兼有动词的某些语法特征的兼类词，因而把它用作谓语动词并且让它带宾语，显然是一种误用和滥用。至于将来"辉煌"能怎样发展变化，现在还很难说定，我们不要忙于下结论。

早在40年前，罗常培、吕叔湘两位先生就在《现代汉语规范问题》一文中指出："不是每一个变动都是发展。不是每一个变动都会巩固下来……兼收并蓄既不合于规范化的原则，就不得不要求他们钻研汉语发展的内部规律，用来作权衡取舍的根据。"遵照罗、吕两位先生这个原则性的意见，对"辉煌"语法意义的嬗变加以厘定，决定取舍，从而减少乃至消除误用和滥用，是势在必行、不容忽视的。

树立大教学观,开好教师口语课

现在全国各级师范院校全都按照国家教委的统一要求开设了"教师口语"课,这不仅是改革师范教育课程结构、提高师范生口语表达能力的重大举措,而且是提高整个中华民族的语言素质乃至科学文化素质,加速实现四个现代化的重要举措。

然而,纳入教学计划,作为公共必修课普遍开设,并不等于师范生口语表达能力的当然提高。要想真正提高"教师口语"课的教学质量,切实提高师范生的口语表达能力,必须树立"教师口语"课的大教学观。

所谓"教师口语"课的大教学观,就是要打破重文轻语、重知识轻能力、重课内轻课外和重讲授轻训练等传统教学观念和传统教学模式,开拓教学视野,在课程设置和现实需要上垂青"教师口语"课,在教学力量和教学环境方面扩充"教师口语"课,在教学方式和教学范围方面拓展"教师口语"课,从而使"教师口语"成为人人重视、个个参与的热门改革课。

(一)在课程设置和现实需要上格外垂青"教师口语"课

过去,师范院校只是在中文系科"语文基础知识"课或"现代汉语"课的语音部分才讲讲普通话语音知识,而现在的"教师口语"则是"单独设课",而且是各系科"公共必修"。有这么大的必要性吗?这个问题随着设课的实施似乎已经解决了,但从教师的选配、教学时数的确定和课程表的安排看,并未真正从思想上解决。现在仍有不少人认为,"文章天下事,得失不由人"——很不容易做,而说话则没有什么难的。凡是中国人谁还不会说中国话?说好说赖能有多大关系?只要能听懂就行呗。根本用不着单独设课、专门去学!一个师范生,只要他在课堂上能认真听讲,真正学好了基础知识和基本理论也就行了,用不着搞什么口语表达技能训练,大可不必浪费时间。只要有了知识,还能没有能力?只要头脑里有货,还怕倒不出!

其实这是一种误解。自以为"会说",并不等于别人能听得懂,更不等于说得好,具备了一定的口语表达能力。而口语表达能力确如一位专家所说,是一个人的社会形象的第一要素,它对今天的师范生即未来的教师尤其重要。这是因为,振兴国家的希望在教育,振兴教育的关键在教师,而教师的一个重要条件就是口语表达能力。正如苏霍姆林斯基所说:"教师的语言修养在极大程度上决定着学生在课堂上脑力劳动的效率。"一个教师在具备了一定的理论知识的条件下,教学效果在极大程度上取决于他的口语表达能力。我们看到,有的教师虽然学识未必十分渊博,但由于口语生动流畅,讲课有声有色,结果教学效果很好,而有的教师虽有满腹经纶,但因为语言障碍,词不达意,言不传情,结果教学效果不好。陈景润作为著名的数学家,却当不了合格的中学数学教师,就是最好的例证。所以说,口语表达能力是教师职业能力结构中最基本的能力;口语表达技能训练是教师职业技能训练中首要的和最基本的训练。如此看来,"教师口语"课显得非常重要,因此而"单独设课";也正因如此,"教师口语"课为各系科普遍需要,所以"公共必修"。

(二)在教学力量和教学环境方面大力扩充"教师口语"课

传统教学模式一般是一个教师教一门课,各教各的课,隔课如隔河,教不同学科、不同专业、不同课程的教师在具体教学业务上绝少往来。因而一般人都认为"教师口语"课只是教师口语教师的事情,不仅与其他各系科的教师无关,甚至连中文系科的语文基础知识课、现代汉语课和教材教法课的教师也都觉得关系不大而漠然视之。

其实这是一种教学上的小农意识、个体经营思想。这样做的结果势必是:一方面,"教师口语"教师几个人在用标准或比较标准的"教师口语"从正面对师范生进行教学和训练,而另一方面,其他各系科教师数十人或数百人却在用蹩脚的"教师口语"即不规范的用语和方言土语从反面影响师范生。这就出现了古人所说的"一齐人傅之,众楚人咻之"的尴尬局面,结果导致师范生学说普通话和教师口语就像熊瞎子掰玉米一样,这边掰那边丢,到头来顶多只有一穗的收获而不会更多。所以,"教师口语"教师绝不能单兵作战，而要联合攻关。

1."教师口语"课专兼职教师是教师口语教学和训练的主导力量

他们不仅要完成任课班级师范生的"教师口语"课的教学和训练任务，而且要负责培训其他学科教师的教师职业口语的工作；他们的水平、能力和事业心如何，直接关系到师范生的口语表达能力的培养和提高。所以，"教师口语"课专兼职教师必须精心选配，必须经过国家或省的严格培训，必须热爱口语教学。

2.其他各学科教师是"教师口语"养成教育的基本力量

他们必须提高认识，更新观念，把用较标准的教师口语进行教学看作一个合格教师必须具备的教学基本功和重要条件，并能在教学过程中自觉地运用较标准的教师口语，为师范生作出表率。为此，要组织他们分期分批参加学校"教师口语"微格班，进行培训。

3.学校服务部门的干部和职工是"教师口语"养成教育的协同力量

对他们虽然不能和教师一样要求，但是绝不能不作要求。他们必须参加学校"普通话"培训班进行培训，努力提高普通话水平，以适应"教师口语"对教学环境的要求。

4.学校领导是"教师口语"教学和训练成功与否的决定力量

如果学校领导对增设"教师口语"课这一重大举措缺乏应有的正确认识，那么"教师口语"课专兼职教师的选配、必要设施的建设和经费的拨给就会成问题，那么其他各学科教师也不会都动起来，更不可能形成全校一致的合力，那么切实提高师范生的口语表达能力就是一句空话。所以，学校领导必须带头参加学校"教师口语"微格培训班，努力提高对设课意义的战略认识，并且带头学说普通话，自觉地运用较标准的教师口语。

这四股力量不仅都要调动起来，而且要组织协调好；不能单打一，也不能不分主次。可以以系科为单位组成"教师口语"教学和训练指导组,各科教师都是指导教师,都是教练员,而"教师口语"专兼职教师则是主导教师和主教练。但是,即使把全体教职工都调动起来,也还不够,而且必须提倡能者为师,在学生中物色和培养"小先生",为他们办"提高班",给他们"吃小灶",然后让他们回到班级,辅导其他学生,带动全班共同提高。

同时,还必须重视语言环境的制约作用。如果只是在"教师口语"课上学说较标准的教师口语,而在其他课上则放任自流,那么不规范的读音、不符合教育和教学规律的用语就会卷土重来;如果只是在课内学说较标准的教师口语,而在课外则放任自流,那么不规范的读音、不符合教育和教学规律的用语就会蔓延滋长。所以必须全面抓、经常抓、一抓到底,造成一个以说普通话为荣、以说方言土语为耻的浓厚的氛围,使普通话真正成为校园语言;造成一个人人重视教师口语、个个学说教师口语的良好环境,使教师口语真正成为教师的职业语言。

(三)在教学方式和教学范围方面锐意拓展"教师口语"课

人们一向认为,只有纳入课堂教学的才能算课,只有在课堂上讲授知识、讲授理论或是做物理实验、化学实验才是正经八百的课,而"教师口语"既没有系统的知识可言,也没有科学的理论可讲,更没有精确的实验可做,而且训练活动又多在课外进行,所以它根本算不上正经八百的课,顶多只能算技能课、训练课、活动课。

其实这种看法是错误的。"教师口语"作为技能课、训练课、活动课、它和知识课、理论课、实验课一样都是正经八百的课,而且从某种意义上说它也许更重要。这是因为,师范生的口语表达能力不是教师"讲"出来的,而是学生自己"练"出来的。如果教师只在"讲"上下功夫,而学生不在"练"上下功夫,那么教师讲得再多、再好,学生实际的口语表达能力也不会真正提高上来。有不少学生在平时书面检测时成绩很高,甚至得满分,但一叫他读、一让他说,立刻就会发现他们的错谬很多、差距很大。为什么会出现这种书面和口头极不协调的情况呢?原因无非是训练没有跟上去。所以说,凡属技能，都必须通过训练才能掌握；凡属基本技能训练，功夫几乎全在课堂外！为此，我们可以从以下几个方面改变教学方式，拓展教学范围。

1.把"晨读"和"晨讲"作为"教师口语"课的一个组成部分，纳入教学计划

每天早晨上课前 15 分钟为师范生轮流读报时间，内容可以是国内或国际新闻，要求用较标准的普通话朗读，由"教师口语"课代表具体负责，"教师口语"课专兼职教师巡回督查，学期末每个学生记一次晨读分。"晨读"可在低年级进行，而到高年级时则要改为"晨讲"，即用较流利的普通话讲述校内或班内的好人好事，具体做法同"晨读"。

2.把校内播音作为"教师口语"课的一个组成部分，纳入教学计划

学校广播台站不仅是学校的重要宣传阵地，而且应该是"教师口语"课的训练基地。师范生轮流到学校广播台站值班播音，是强化"教师口语"训练的必要手段和重要环节。内容可以是校内新闻或学雷锋等先进人物的故事，时间应该是利用早、晚饭后各 20 分钟，要求学生模拟中央台和省台播音员，尽最大可能用标准的普通话播音。由"教师口语"课专兼职教师抽出一人，专门负责轮值播音学生的备稿、试读、纠音等项工作。每个师范生在学习期间都要在校内播音中亮一次相，都要被记一次播音分。

3.把"普通话监督岗"作为"教师口语"课的一个组成部分，纳入教学计划

在校门口设"普通话监督岗"，由师范生轮流值班，分组进行，定期或不定期检查进出学校的师生员工主要是学生和教师的普通话训练情况。检查应以纠正方音为目的，着重检查 3755 个第一级汉字标准读音的掌握情况，形式以"推普"小黑板为好，也可用"推普"卡片。此项工作应由学校"推普"领导小组负责组织，"教师口语"课专兼职教师负责指导。被抽查的师范生要记抽查分，以作"教师口语"成绩的参考。

弱水一瓢——语言的寻觅与探究

4.把定期举办各种有关"教师口语"的赛会作为"教师口语"课一个组成部分,纳入教学计划

在期中或期末举办"教师口语"训练汇报会、模拟新闻发布会、故事会、讲演会(或比赛)、辩论会(或比赛),是检阅"教师口语"课训练成绩,推动师范生的口语表达能力跨上一个新台阶的必要措施。可采取由班级到系科再到学校逐级进行层层选拔的办法,要求学生人人上场,个个参与,以期收到普遍提高的效果。班级、系科和学校分别由班主任、系主任和教学副校长负责组织,"教师口语"课专兼职教师负责指导演练。赛会结束后,每个学生记一次演练分,表现突出的加记奖励分,以作"教师口语"成绩的重要参考。

总之,提高师范生的口语表达能力,并不只是"教师口语"课专兼职教师的事情,而且是关系到学校各部门、各系科、各专业的每位教师、每位职工的一项全局性工作;开好"教师口语"课,并不只是基本理论和基础知识的讲授和辅导答疑的问题,而且是理论知识和实际技能、教学和训练有机结合的系统工程。所以,只有树立大教学观,才能突破传统教学观念和教学模式的束缚,才能调动上上下下、方方面面的力量,开展各种各样的训练活动,营造良好的环境和氛围,真正把"教师口语"课开好,使师范生的口语表达能力得到切实提高。

关于熟语和固定语的分类问题

一、分类原则

熟语和固定语的分类,似乎是不成问题的问题,但在实际上许多专家学者和高校教材在根据什么分类、怎样分类、分多少类、各类的性质和范围怎样确定等问题上看法很不一致。究其原因,问题主要出在分类原则上。

任何事物的划分,都应该遵守逻辑划分的原则。熟语和固定语的分类也不能例外。参照逻辑划分的原则,熟语和固定语的分类原则可以概括为如下"七性"。

第一,总体性。熟语和固定语的分类,必须尽量站得高些、看得远些,从总体上把握分类对象。只有这样,才能居高临下,高瞻远瞩,看得全面、完整、准确。不然的话,就会出现"一叶障目不见泰山"或"身在此山中""不识庐山真面目"的毛病。

第二,本质性。熟语和固定语的分类,必须从大处着眼,抓住本质特点,找到区别性特征。只有这样,才能真正从根本上区分开。不然的话,就会出现"小异大同"或"形异实同"的毛病。

第三,适切性。熟语和固定语的分类标准,必须适切,不能过宽,也不能过窄。过宽了,分出的类的内部难免鱼龙混杂;太窄了,有些基本上特点相同的部分又被排除在外。

第四,唯一性。熟语和固定语的分类必须坚持一次分类只用一个标准,而不能一次分类同时使用多个标准。只有这样,才能保证分出的类内部的一致性。不然的话,就会出现符合这个标准不符合那个标准、符合那个标准又不符合这个标准的毛病。

第五,一贯性。熟语和固定语的分类标准一经选定,必须贯彻到底。只有这样,才能保证分出的类前后一致。不然的话,就会出现前后矛盾、互相抵牾的毛病。

第六，普遍性和排他性。熟语和固定语的分类标准必须对内有普遍性，对外有排他性。只有这样，才能保证分出的类是"应有尽有，应无尽无"。不然的话，就会出现"失入"或"失出"的毛病。

下面，就依据这几条原则，结合国内部分专家学者和高校教材的有关看法，粗略地谈谈我们对熟语和固定语的分类问题的意见。

二、关于熟语的分类

熟语是人们常用的定型化了的固定短语或句子，是现成的用语单位。这一点，人们一般不会有异议。但是，它所包含的各种现成的用语单位在性质上是否完全一样，却是大可怀疑、值得研究的。王德春在《词汇学研究》一书中"按照各个熟语本身的性质和特点"把熟语分成五类即"成语、谚语、格言和警句、歇后语、俗语和惯用语"（第50页）。他没有具体说明各类熟语本身的性质是什么，特点又是什么，更没有明确各类熟语的本质特征，而把成语、歇后语、惯用语和谚语、格言、警句并列起来，混在一起，显然没有抓住这两个次类之间的区别性特征，特别是把各种熟语统统划入词汇范畴，则更混淆了两类不同的熟语。温端政在《关于〈汉语常用语词典〉编写中的几个问题》一文[①]中，虽然承认成语、谚语、惯用语、歇后语、格言"有的成句，有的不成句"，"有的由组合成分合成，有的则不是组合成分意义的简单的总和"，但是把它们当成"共同的特点"提出来的，以致最终没有把它们析成两个大类。这都是没有紧紧抓住分类原则的"本质性"并且坚决贯彻到底的表现。多数高校教材对此也作了大体相同的处理，因而问题的性质也大体相同，就不一一指出了。

正在人们陷入对熟语随意分类而不管分类原则的盲目性中时，周荐的《熟语的经典性和非经典性》一文[②]，使人们为之耳目一新。它"以经典性为视角"进行考察，得出的结论是："成语和惯用语、歇后语、谚语是不同类型的熟语"，"前者古朴、凝重、具有经典性，后者通俗、直白、不具有经典性"；"有经典性的熟语使用久远，没有什么时代性，使用广泛，没有什么地域性，而且结构成分很少发生变异；没有经典性的熟语，有较强的时代性和地域性,一个单位常有若干种不同的说法"。乍一看,觉得这个提法很有道理,"经典性"确乎一个迥然有别于形式和意义两个角度的新的分类角度。但是仔细一想,又疑窦丛生。现代汉语的成语虽然大多数不仅历史悠久、源远流长,而且相当一部分来自古代典籍,具有经典性,但不能也不应该以"经典性"作为确定成语的根据,或把成语和惯用语、歇后语、谚语划分为两个"不同类型的熟语"的原则。这是因为"经典性"只是从一部分成语(尽管这个部分比较大)而不是从全部成语归纳出来的特性,只是从源流上考察出来的一般性特征而不是本质特征,不符合"总体性"和"本质性"的分类原则。按照这种分法,就把成语的范围限定窄了,就把产生于古时的俚语和来自后世口语的成语拒之门外了。这部分成语的数量相当可观,不能也不应该忽略不计。例如,黄伯荣、廖序东主编的《现代汉语》所举来源于古时俗语的有"狼子野心、众志成城、千夫所指"等,来自后世口语的有"一干二净、三长两短、千方百计、指手画脚、拐弯抹角"等;胡裕树主编的《现代汉语》所举口头上传下来的有"七手八脚、改头换面、南腔北调、一不做二不休"等,群众按照成语构造的规律创造出来的有"呆头呆脑、昏头昏脑、东摇西摆、东拼西凑、欢天喜地、咒天骂地"等;张静主编的《新编现代汉语》所举新创造的有"一穷二白、眼高手低、突飞猛进"等;张志公主编的《现代汉语》所举来自群众口语的有"一五一十、十拿九稳、土生土长、大惊小怪、五湖四海、不三不四、不上不下、心惊胆战、四平八稳、有气无力、人山人海"等,新产生的有"力争上游、百花齐放、推陈出新"等。这些具有意义双层性的固定短语,这些在传统的词汇观念里和我们的现实语感中一向都被作为成语看待的"现成的用语单位",能因为不具有经典性而打入另册吗?如果不作成语看待,那么应该作何看待呢?而且,按照周文所列举的具有权威性的古代典籍只限于"经、史、子"的范围,那么许多来自古代的神话传说、寓言故事、历史故事和诗文语句,还有一小部分来源于外国语言翻译过来的成语,如"画龙点睛、天花乱坠;刻舟求剑、黔驴之技;望梅止渴、请君入瓮;物换星移、水落石出;火中取栗、聚沙成塔"等,又该作何看待呢?另外,和谚语平行的"名言",本来和成语判然有别,分属熟语的两大不同类型,但大都符合"经典性"的标准,如"三人行必有我师焉"(《论语·述而》)、"前事不忘,后事之师"(《史记·秦始皇本纪》)、"千里之行,始于足下"(《老子》)、"得道多助,失道寡助"(《孟子·公孙丑下》)、"多行不义必自毙"(《左传·隐公元年》)等,它们是不是要统统被划归成语呢? 由上述几方面情况看,现代汉语的成语不能也不应该只容纳出自古代典籍而多用于书面语的一类,而把出自人们口语而往往带口语色彩的,还有出自古代的神话、寓言和历史故事等的排除在外,也不应该把归属熟语中的言语类型"名言"拐带进来。它应该容纳出自神话、寓言和历史故事等及古代典籍而多用于书面语的成语和出自人们口语而往往带口语色彩的成语。

那么,熟语究竟应该根据什么和怎样分类呢? 对此,刘叔新先生早已作出了正确的回答。刘先生根据意义是体现一个概念还是一个具体判断、一个思想,作用相当于词而一般只作句子成分,还是作为独立的语句出现而一般不充作句子成分,具有仿佛被人不经心地经常用来造句的复呈性,还是具有现成语句单位的有意识的引用性,首先把熟语分成语言的固定语和言语的常语两个大类。同时指出,前者属于现代汉语的词汇单位,后者不属于词汇单位。③例如,成语"水滴石穿"是语言的固定语,词汇单位;而谚语"只要功夫深,铁杵磨成针"则是言语的常语,非词汇单位。从表面上看,这好像只是关系到熟语分类及其名称的小问题,而在实际上意义却是很大的。研究语言,首先就要把语言和言语区分开来。如果不把语言和言语区分开来,那么语言学就没有明确的研究对象,就不可能成为一门独立的科学。对作为语言的重要组成部分的词汇来说,是这样;对各种现成的用语单位即熟语来说,也是这样。正确地解决语言和言语的区分,熟语才有确定的研究和描写对象,才能建立起确定的熟语分类子系统。

王希杰先生说:"语言和言语的区分,是语言科学现代化的重要标志之一。进一步把这一区分贯穿到语言研究的一切领域中去,是现代语言科学发展趋势之一。"④刘先生率先垂范,把熟语作了语言和言语的区分。这是他站在普通语言学的高度观察和分析问题的结果,是他自觉地运用"总体性"和"本质性"分类原则的体现,是他把这一区分贯彻到词汇研究中去的创获。

可是,周文却对刘先生的正确观点评论说:"似乎偏重于对它们意义特点的分析,对它们形式方面的特征考虑不多。"⑤至于刘先生在什么地方和怎样偏重于对意义特点的分析,周文没有具体说明,采取的是一种模糊的说法,使人不好辩白。其实,刘先生并不见得一定偏重于对意义特点的分析,例如关于熟语中成语和惯用语的划分,主要着眼的就是意义的双层性这个形式上的特点,而不是意义的本身。退一步说,就算刘先生偏重于对意义特点分析,那又有什么不好呢?难道只看形式不看意义的分析才好吗?再说,什么叫"偏重"?难道意义和形式各占50%才算不偏重吗?50%这个尺度又怎样去衡量和把握呢?我们认为,从意义到形式,再从形式到意义,本是人类语言构造的基本原则和认知的全过程。重视对形式的研究和描写是非常必要的;而否定意义的某种规定作用则可能导向否定语言和否定认知,也是不容忽视的。对语言的各个组成部分,从不同的角度、不同的方面有所侧重地进行观察、分析和研究,不仅是应该的,而且是必要的。刘先生说,"如果说,语法研究比较着重于形式的观察分析,那么词汇研究大体上以考察意义方面的情况为重心"⑥,是完全正确的论断。

三、关于固定语的分类

固定语⑦是词的固定组合体,属于词汇单位,作用和词相当,一般充当句子的某个成分。它包括成语、惯用语、歇后语、专名语和专门用语。对这些概念和术语,人们不难理解和掌握,但对它的具体分类,特别是成语和惯用语的区分,人们一直苦于找不到王母娘娘的"银簪",不能在二者之间唰地一下划出一条银河来。例如,王德春的《词汇学研究》认为,成语是"一种习用的固定词组或固定短句"(第50页),"是现成的语言建筑材料"(第51页);惯用语也是"一种习用的固定语句","人们把这些用语当作现成的语言材料来使用"(第65页)。一眼即可看出,二者根本没有区分开,这说明他没有找到二者之间的区别性特征。胡裕树主编的《现代汉语》认为,"成语是一种固定词组,常常作为完整的意义单位来运用,而比惯用语更为稳固"(第271页)。惯用语是"一般人所熟悉和经常使用的固定词组,常常作为完整的意义单位来运用"(第270页)。二者的区别只是一个比另一个"更为稳固",如此而已,也没有从本质特点上区分开。黄伯荣、廖序东主编的《现代汉语》认为,"惯用语口语色彩浓,成语书面色彩浓;惯用语含义单纯,成语含义丰富;惯用语大多是动宾结构"(第341页)。二者的语体色彩不同,确实是区别之一,却不是本质性的区别。成语含义丰富是事实,但该教材列举的惯用语绝大多数具有丰富的社会内涵和双层意思,如"开倒车、穿小鞋、踢皮球、挖墙脚、扣帽子、开绿灯、吃大锅饭"等,怎能说是"含义单纯"呢?因此二者难以用含义单纯和丰富区分开。"惯用语"大多是动宾结构也是事实,但既是"大多"就不是"全部",还有一部分是偏正结构、主谓结构和联合结构,如"下马威、半瓶醋、墙头草、空头支票、光杆司令;驴打滚、天晓得、鬼画符、眼皮子浅;张三李四、说三道四"等,而成语中也有不少是动宾结构的,如该教材列举的"包罗万象、顾全大局、磨穿铁砚、视为畏途"等,由此看来,二者不能凭结构特征完全区分开,这说明结构特征也不是足以把二者完全区分开来的区别性特征。张静主编的《新编现代汉语》认为,二者的区别在于,"惯用语大都是三个音节的动宾结构","而成语大都是四个音节的";"惯用语的结构定型性较弱,经常拆开使用",而"成语的结构定型性较强","一般不能拆开使用"(第110页)。关于"动宾结构",上文已提及,这里不赘述。而"音节数目"特点不仅不具有本质性,而且"大都"二字表明它还不具有普遍性。另外,惯用语既然"经常拆开使用",怎么又说"结构比较定型";既然"结构比较定型"按理说就应该是"一般不能拆开使用",而这和成语的"一般不能拆开使用"又有什么区别呢?顶多只有较弱和较强的程度差别罢了,岂能判若云泥!张志公主编的《现代汉语》认为,"成语是一种定型的语素组合","是作为一个整体来使用的"(第154页);"惯用语是口语中常常使用的一种固定结构,如同成语一样,也表达一个整体的意义,作为一个语言单位来使用"(第168页)。在结构上一个"定型"另一个"固定",在意义上"一样"表达一个整体的意义,二者很难说究竟有什么区别,换句话说,该电大教材也未能从结构和意义上把成语和惯用语区分开。

还有同时从几个角度、用几个标准来划分成语和惯用语的。一是从结构的稳固性看,认为成语比惯用语结构更稳固;二是从语体色彩看,认为成语多用于书面语,惯用语多用于口语;三是从意义上看,认为成语含义丰富,惯用语含义单纯;四是从音节数目和结构类型上看,认为惯用语主要是三音节,大多是动宾结构,成语主要是四音节,大多不是动宾结构;五是从形成的历史看,认为成语一般形成历史久远,惯用语大多历史不长。多角度、多标准,貌似全面、丰富、适应性强,实则很不科学。一是不符合分类原则的"唯一性"。一次分类只能用一个标准,其他标准只能作辅助之用,帮助验证,否则划出来的几个类的内部都难以有统一的性质。二是不符合分类原则的"本质性"。音节数目、语体色彩和形成的历史等都不是成语和惯用语的本质特征,所以据以划分出来的两个类不可能从根本上区分开。三是不符合分类原则的"一贯性"。由于使用的是多标准,而且多是非本质性的,因此很难贯彻到底,划分的结果也就不可能完全符合分类标准,例如,从结构上看,无论是成语还是惯用语都有稳固性较强和较弱两种情况,四字格有些并不十分固定,三字格则有不少又异常固定,前者如"前车之鉴/前车可鉴""千钧一发/一发千钧",后者如"耳边风""半瓶醋"。四是不符合分类原则的"普遍性"和"排他性"。因为使用多标准,具有不彻底性,所以很难对内有普遍性对外有排他性,势必漏掉一大批三字格,如"抱不平、够朋友、付丙丁、动感情、赶时髦、发酒疯、发脾气、想当然"等,超四字格如"杀鸡给猴看、死马当活马医、不到黄河不死心、吃着碗里瞧着锅里"等,因为它们既不符合成语的某些标准,也不符合惯用语的某些标准。总之,按照多标准划分出来的"成语"和"惯用语"只能是一个包含有异质的综合体,其内部性质是不会整齐划一的。

　　那么,成语和惯用语究竟应该根据什么来划分呢? 刘叔新先生也早已作出了正确的回答。刘先生在《汉语描写词汇学》一书中明确指出:"成语的独特处是在意义方面——意义的双层性","意义的双层性是汉语成语的区别性特征,据此可把成语同其他固定语单位区别开,特别是同惯用语区别开"(第127页)。在《固定语及其类别》一文中则又补充说:"当然,结构和所有成分的固定,含义的一般概念性质,也都是成语的特点,但是这些特点对于区别成语和其他固定语来说,是次要的,在和惯用语区分时甚至完全不起作用。"⑧由于刘先生找到了能够把成语和惯用语真正区别开来的区别性特征,所以成语和惯用语各自的性质就明确了,同时各自的范围也就廓清了:"固定语中,凡具有表意双层性的单位,无论是用于口语或书面语,无论是多少音节,也无论形成于古代还是产生于现代,都是成语"⑨,"固定语中,凡充分具有结构成分固定的特点,但是不具有意义的双层性,其含义体现成类事物的一般概念而非个别事物概念或专门概念的,就是惯用语"⑩。刘先生这种分类法是迥异于一般人的通常分法的。一般人的通常分法大都是以四字格为成语,以三字格、动宾式为惯用语的,而刘先生则是把四字格中具有意义双层性的保留下来,确认为成语,不具有意义双层性的则被"请"到惯用语里去;三字格、动宾式中不具有意义双层性的保留下来,确认为惯用语,具有意义双层性的则被请到成语里去。这就打破了人们传统认识的框框,使一些人觉得难以接受。其实,刘先生并无"标新立异,哗众取宠"之意,只是因为传统分类法不能真正从根本上解决问题,才另辟蹊径。客观地说,以意义的双层性作为成语的区别性特征而和惯用语相区别,是一种应该充分肯定的突破,是一种值得高度重视的创新。

固定语中,除成语和惯用语外,还有歇后语、准固定语⑪和专名语、专门用语,因为它们比较容易区分,分歧不大,故不一一提及。

四、余论

从熟语和固定语的分类研究看,许多专家学者和高校教材对词汇,特别是对词汇中比词大的语言建筑材料单位重视不够,一般只作表象描写,很少作深入研究,尤其不注重分类研究。这是一种在错误的观念影响下所产生的错误做法。一般人大多认为,词汇虽然在构成单位的数量上远远超过语音和语法,但其实很简单。词汇的成千上万构成单位的意义、语音形式和具体用法,词汇学是不可能也没有必要加以研究和描写的,这些任务应由词典学去完成。余者还有什么呢?似乎没有什么值得研究的东西了。而且,研究词汇究竟有什么实际用途呢？需要时查查词典不就解决问题了吗？正因如此臆想，所以，"汉语词汇中的许多现象和问题，大率只有泛泛的一般观察，只有比较简单和表面的认识"[12]。也正因如此臆想，熟语和固定语的分类问题至今悬而未决。

其实，词汇研究并非像有些人所想象的那样简单、无用。恰恰相反，词汇学中诸如词的单位的确定、词的含义和构造特征、词同词可能有的种种关系，固定语的性质和类别，词语的关联现象等的研究，是很复杂、很艰巨的；这些研究不仅有助于词典的编纂，而且有助于人们正确地理解和使用词语。而从混杂的异质的熟语中分别出语言和言语、词汇单位和非词汇单位两个大类，才能使汉语词汇到底包括熟语的哪些类别单位明确起来，才能使自己的研究对象——语言的熟语（即固定语）确定下来，从而深入地开展研究。语言实践不但要求语言学深入地研究词，而且也迫切地需要开展对固定语的研究。这是因为，固定语在人们说写中有很强的表达作用，随着群众文化水平的不断提高，这种作用更日益凸显出其重要性。

研究任何一门科学，首先要解决研究对象和研究方法问题。"熟语学"的研究对象是什么呢？是熟语。这种回答失之于笼统。应该进一步说明什么是熟语，应该对熟语这一异质的综合体有深刻、明晰的认识，而要做到这一点就必须对熟语的内在矛盾进行具体的分析，就必须正确地描写与解释这种矛盾。

把语言的和言语的现象加以区别，就是对熟语内在矛盾的正确描写与解释。我国语言学界对语言和言语的关系问题曾经进行过一次大争论，但争论的焦点是这两个概念的内涵，而罕见有人把它引入实际的语法和词汇研究中去。现在，刘叔新先生把熟语的语言和言语两个部分区分出来，不仅在引入词汇研究上开了先河，而且对词汇的分析、研究和描写有着十分重要的方法论意义。

附志：

此文曾送刘叔新先生审阅,刘先生提出过重要的修改意见,在这里谨致谢忱。

———————

附注： ①《语文研究》1995 年第 1 期。

②⑤《语文研究》1994 年第 3 期。

③⑥⑩刘叔新:《汉语描写词汇学》,商务印书馆,1990 年版,第 120、167、136 页。

④见《语法研究与探索》(二),北京大学出版社,1984 年版,第 3 页。

⑦参见刘叔新《固定语及其类别》;载《词汇学和词典学问题研究》,天津人民出版社,1984 年版,第 96 页。

⑧见刘叔新《词汇学和词典学问题研究》第 104 页。

⑨见邢公畹主编《现代汉语教程》,南开大学出版社,1992 年版,第 135 页。

⑪准固定语是刘叔新先生提出的固定语的一个小类名,系指固定语中除成语、惯用语和歇后语之外结构成分的稳定程度较低的部分。

⑫见《汉语描写词汇学》序。

参考书目：

刘叔新:《汉语描写词汇学》,商务印书馆,1990 年版。

刘叔新:《词汇学和词典学问题研究》,天津人民出版社,1984 年版。

吕叔湘:《汉语语法分析问题》,商务印书馆,1979 年版。

"一肌一容"不宜讲得过死

人民教育出版社中学语文室编著的全日制普通高级中学教科书(试验修订·必修)《语文》第二册自读课文《阿房宫赋》中"一肌一容,尽态极妍"一句,注解为:"任何一部分肌肤,任何一种姿容,都娇媚极了。"与此教科书配套的《教师教学用书》翻译为:"每寸肌肤,每种姿容,都极尽娇美。"

这个解释和翻译符合《现代汉语词典》2002 年增补本第 1471 页关于"一"字的第④个义项的解释——"全;满:~冬│~生│~路平安│~屋子人│~身的汗。"也符合第 1471 页"【一……一……】①分别用在两个同类的名词前。a)表示整个:~心~意│~生~世(人的一生)"的解释。但这是按正常的词义和用法来解释的,似乎没有仔细考虑它的异常用法,没有仔细考虑它的出身——"赋"的特点。《阿房宫赋》作为赋体文章,既要"体物写志",就要"铺采摛文",就要运用对偶、比喻、排比、借代、夸张、互文等修辞手法,因此我们在注释和翻译时就不能不考虑到这些修辞手法的影响和作用。不然的话,就会就词解词、就句解句,讲得过死、迷失本意。以下略陈管见。

1."一肌一容"不是平实的写法,而是运用了借代中的"以部分代整体"的修辞手法。"一肌一容"是借代所有的宫中美女,亦即"辇来于秦"的六国的"妃嫔媵嫱"。如果解释为"肌肤"和"姿容",那就只能是实指,无视借代辞格的存在了。

2."一肌一容"还运用了夸张的修辞手法。虽然其中也有"任何一部分肌肤,任何一种姿容……"或"每寸肌肤,每种姿容,都……"的意蕴,但夸张的主体对象应该是宫中的美人,而不是她们身体的某一部分或某一方面。

3."一肌一容"还运用了互文的修辞手法。表面上各说一个方面,实则相互补充,说的是同一个整体,因此不能把"肌"和"容"分割开来,分别解释为"肌肤"和"姿容",而应该理解为"所有宫中美女的肌肤、容貌、姿态、神情等都……"。

4.教科书和教学参考书的解释和翻译,缺失主语,造成上下文不谐。上文说的是"宫车",不是"宫人",而紧接着却说"任何一部分肌肤,任何一种姿容……"或"每寸肌肤,每种姿容……",这不仅和上下文衔接不上,即上文"宫车"不能作它们的主语,它们也不能作"宫车"的陈述谓语,而且它们也不能作下文"缦立远视,而望幸焉"的主语。

鉴于上述四点理由,笔者以为"一肌一容,尽态极妍"译作"所有的宫女,她们的肌肤和姿容等都无比娇媚,无比美丽",可能比较活泛些,比较准确些。

类似的语句,如"朝歌夜弦",不能解作"白天歌唱晚上奏乐",而应解作"(他们)日夜歌唱奏乐";再如"烟斜雾横",不能解作"烟斜飞雾横飘",而应解作"烟雾飘飞"。之所以不能那样解,而应这样解,具体理由可参见上述"一肌一容"关于"互文"的说解。类似问题,不要拘泥于字面,就词解词,而要考虑到修辞手法,灵活求解。

现代汉语形转使动词的句法语义考察

一、问题的提出

当代著名作家王蒙的长篇小说《青春万岁》里有这样一句话："于是，神圣的宗教象催眠术似的安静了这个多难的姑娘的心。"其中，形容词"安静"带上了名词性短语"这个多难的姑娘的心"充当的宾语，从而具有了使动义：使"这个多难的姑娘的心""安静了"。2001 年 2 月 16 日中央电视台 1 频道《第二起跑线》栏目的标题是《亮出你自己》，其中的形容词"亮"，在趋向动词"出"的辅助下带上了由人称代词复指构成的同位短语"你自己"充当的宾语，从而具有了使动义：使"你自己""亮出"。这样的例子不少，而且不断增生，大有越来越多的趋势。

怎样看待这种语言现象呢？范晓先生在《关于形容词带宾语》一文中，首先引用吕叔湘、朱德熙两位先生的一句话："区分词类，最好维持一个原则：一个词的意义不变的时候，尽可能让它所属的类也不变。"然后说："这个原则用来处理形容词带宾语的问题，我们以为也是可以的。象'红''高''硬'之类，意义不变，能作谓语、定语等也不变，只是有时带宾语、有时不带宾语上有些变化，在这种情况下，仍应看作形容词。"

笔者认为，吕叔湘、朱德熙两位先生提出的原则无疑是正确的，但是范先生的理解和运用却未免有失偏颇。事实上，带宾语的形容词和不带宾语的形容词，无论是在词汇意义上还是在语法意义上都有实质性的变化。从词汇意义上说，不带宾语的形容词表示的是单纯的属性或性质，是静态的属性或静态的性质，而带宾语的形容词便具有了迁延流转的动态的性质，具有了动作性，表示已经实现或正在进行的某种状态的存续。试比较"矿产丰富"和"丰富了生活"中的两个"丰富"："矿产丰富"的"丰富"只是表示"种类多或数量大"的静态的属性，而"丰富了生活"的"丰富"则由表示种类多、数量大的静态转成表示"使丰富"即"使变得种类多、数量大"的动态，而且表示这种动态的变化已经实现或完成。再比较"头脑清醒"和"清醒清醒头脑"中的两个"清醒"："头脑清醒"的"清醒"只表示"清楚明白"的静态的属性，而"清醒清醒头脑"的"清醒"不仅由表示"（头脑）清楚明白"的静态转成表示"使（头脑）清楚明白"的动态，而且表示使头脑变得清楚明白的行动正在进行或正在持续。在语法意义上，按句法说，"矿产丰富"的"丰富"和"头脑清醒"的"清醒"都是形容词作谓语，未带宾语，而"丰富了生活"的"丰富"和"清醒清醒头脑"的"清醒"都是由形容词转成使动词作述语，带宾语。范先生认为，这只是"有些变化"，"仍应看作形容词"。实际上，这哪里是什么"有些变化"，而是涉及静态和动态、涉及形容词和动词的根本性质的大变化，是由性质范畴转成行为范畴的大变化，和吕叔湘、朱德熙两位先生所说的"不变"完全是截然相反的两码事。而且，吕叔湘、朱德熙两位先生的这句话还隐含或意味着：一个词的意义如果发生了带有根本性变化的时候，则应尽可能让它所属的类分开。朱德熙先生在《关于动词形容词"名物化"的问题》一文中则更明确地说："通常把'红'归于形容词，但是可以说'红着脸''把脸一红'。就'~着+名词''把+名词+一~'这两个格式来说，形容词内部有对立：有的形容词能放在这类格式里，有的不能放。此时，我们可以说形容词'红'取得了动词的语法性质，甚至可以说它已经转成了动词。"朱先生的这个结论是受到现代汉语众多话语事实支持的，是对一部分形容词可以而且实际已经转成过动词的权威论断。据此，笔者加以引申：在句子中，形容词带上宾语后，不应仍看作形容词，而应看成动词；如果它此时具有了使动义，则应看作使动词。这个结论受到"端正态度"等现代汉语众多话语事实的支持，是不争的事实。

然而，关于现代汉语中形容词用作动词，特别是用作使动词的问题，截至目前在相关的刊物上还没有发现有人作专门的全面穷尽的研究。本文试图从句法语义两个角度，对现代汉语中用作使动词的形容词作尽可能全面的考察。

二、考察的范围

本文主要考察现代汉语中后边带宾语，从而具有使动义的形容词，即由形容词转成的使动词。

本文所说的宾语，系指真宾语，而不包括表动量、时量和数量意义的"准宾语"。本文所说的形容词，采取朱德熙先生的分类界说，指的是简单形式的形容词即性质形容词，包括单音节的形容词和一般的双音节形容词，而把复杂形式的双音节形容词即表示性质的状况和情态的形容词排除在外，还把吕叔湘先生提出的非谓形容词也排除在外。因为这两类形容词都不能带宾语，所以不在本文考察的范围之内。

同时，把虽然能够带宾语（具有带宾语的潜在语法功能），但在实际上并没有带宾语（没有实现带宾语的语法功能）的形容词，如"苹果红香蕉黄，各有特色""河风带着凉气吹过来，吹得大杨树上红了黄了的叶子，卜棱棱飘落下来"中的"红""黄"和"红（了）""黄（了）"以及不仅能够而且实际已经带了宾语，但不具有使动义的形容词，如"我们不仅要充分肯定成绩，而且要全面揭露问题"中的"肯定"，也排除在外。因为"红""黄"只是静态的形容词；"红（了）""黄（了）"虽然是已经转成了带有迁延流转的动态的动词，但是没带宾语；"肯定（成绩）"虽然带了宾语，但是不具有使动义，所以都不在考察的范围之内。

还把实际上带了宾语，并且具有使动义，却是偶或一见，未形成固定用法，属于修辞上的临时活用的形容词，如王蒙的"安静了这个多难的姑娘的心"中的"安静"，排除在考察范围之外。

但是，李泉在《现代汉语"形+宾"现象考察》一文中，把"酸、咸、臭、涩、痒、闷、羞、美、困、寂寞、难受、快活"等列为不能直接带宾语，而只有带上补语之后才能带宾语的形容词，因而排除在"形+宾"现象考察范围之外，值得商榷。实际上，这些形容词并不是不能直接带宾语，只不过有几个不那么常见习用罢了。例如，"这山楂也太酸人了，得拌点糖才能吃。""这菜有点咸人，得多喝点水。""这个屁太臭人了，快把窗子打开！""这个柿子不熟，有点涩口。""别挠我脚心，太痒人了！""屋里闷人，到外边透透新鲜空气吧。""事已至此，你就别羞我了！""我到美容院不是去美容，而是找人。""这闷热潮湿的天气，太困人了。""你整天一个人在屋里呆着，不寂寞人吗？""你的鼻涕都淌出来了，也不擤一擤，不难受人吗？""你不过是快活快活嘴，拿俺穷人开心。"因为北方人口语中常常这样说，在用北方方言写成的现代小说中不难找到例句，所以我们把这些词纳入考察范围。

还把王启龙《带宾形容词的统计分析》一文中的"困死/我（了）""空出/房间""渴死/人（了）""乐死/她（了）""美死/他（了）""急死/人（了）""难住/你（了）""疼死/人（了）""痛死/我（了）""稳住/情绪"，彭利贞《论使宾动词》一文中的"美死""糊涂死"，叶长荫《"形（兼动）+宾"结构》一文中的"美死""冷死""热死""累死"等结构中的形容词也纳入考察范围。因为它们的宾语，虽然不是只和由形容词转成的使动词发生关系，也不是只和结果补语发生关系，而是和二者组合而成的动结式结构发生关系，如"美死/他（了）"里的"他"，既不是只和"美"发生关系（*美/他），也不是只和"死"发生关系（*死/他），而是和"美死"这个动结式结构发生关系，它们都不单纯属于形容词转成的使动词带宾语的范畴，但是，从语义上说，"美死/他（了）"的"美"是"得意"的意思，"死"是说"得意"的程度到极点了，是一种"极言"夸张的说法；"美"是主旨，"死"是副义。从语法上说，"美死/他（了）"的"美"是述语，"死"是补语；

"美"是主要成分，"死"是辅助成分。如果说"美"和"死"是一对矛盾的话，那么"美"就是主要矛盾，"死"就是次要矛盾。因此说，纳入考察范围的处理符合分析问题和解决问题要抓主要矛盾的原则，是比较合理的。上述李泉文中所说的那些词之所以被纳入考察范围，也基于这方面的考虑。但为稳妥起见，个别争议较大的词语暂不列入形转使动词词表。另外，部分成语和个别古语词中包含的类同形转使动词的结构单位，也扩大纳入考察范围。

为了穷尽全举能够转成或已经转成使动词的形容词，笔者逐一考察了吕叔湘、丁声树先生主编的《现代汉语词典》（修订本）所收单音节的59个、双音节的56个，计115个；郑怀德、孟庆海编《形容词用法词典》所收单音节的60个、双音节的48个，计108个；孟琮、郑怀德、孟庆海、蔡文兰编《动词用法词典》所收单音节的15个、双音节的15个，计30个；吕叔湘主编的《现代汉语八百词》所收单音节的5个、双音节的3个，计8个；国家对外汉语教学领导小组办公室、汉语水平考试部和北京语言学院汉语水平考试中心编制的《汉语水平词汇与汉字等级大纲》所收单音节的43个、双音节的76个，计119个；李行健主编《现代汉语规范词典》所收单音节的1504个、双音节的4915个，计6419个；冯志纯主编的《新编汉语多功能词典》所收单音节的42个、双音节的76个，计118个；林杏光审定，倪文杰、张卫国、冀小平主编的《现代汉语辞海》所收单音节的55个、双音节的65个，计120个；安如磐主编的《实用汉语形容词词典》所收单音节的61个、双音节的64个，计125个。凡被上列词典两部以上收录并标明词性为形兼动的均被确认；标明词性而不一致和没有标明词性的，则根据释义，参考释例，按照笔者文中确定的区分标准和鉴定式加以检定。最后确定，现代汉语中由形容词转成的使动词单音节的131个、双音节的121个，计252个（详见后面的《形转使动词词表》）。

三、形转使动词的厘定

（一）什么是"使动词"。

使动词的含义可以从以下三个方面去理解和把握。

1. 从语法范畴来说，所谓"使动"是"使"原来不动的"动"起来，或"使"原来自动的"他动"起来，使一向表示静态的形容词、表示事物的名词、表示数目的数词变成表示动态的动词，由性质范畴、事物范畴和数量范畴转为行为范畴。

2. 从语法结构来说，所谓"使动"是"使（之）动"即"使+（宾）+动"，也就是使宾语发出某种动作行为，或发生某种变化，或呈现某种状态。正如王力先生所说，"它实际上是以动宾式的结构表达了兼语式的内容"。

3. 从句法语义来说，句子中的使动词有两个论元，即它所表示的动作行为等不仅是对主语的叙述，而且是对宾语所表示的人或事物的叙述；它所表示的动作行为或变化不是主语发出来的，而是致使宾语所表示的人或事物发出来的，所以它的宾语既是受事客体，又是行为变化的主体。这种二元化的功能可以图示为：

$S \leftarrow V \rightarrow O$ 和 $V \leftrightarrow O$，其中 S 是主语，V 是使动词，O 是宾语，箭号←和→分别指向使动词的两个叙述对象，往复箭号↔则表示使动宾语的双重身份。

（二）形转使动词的判别。

1. 基于以上的认识，我们似乎可以用某种框式结构来表示使动词所参与的句法结构及其和主宾间的变换关系，那就是：

S_1："（s）+［　　］+o" $\longrightarrow$ S_2："（s）+使+o+［　　］"。凡是能够

而且实际进入过 S_1 并且能够转换成 S_2 句法槽的，就是使动词。

2. 在现代汉语中能够充当使动词的，除形容词而外，还有一部分自主动词、少量名词和个别数词。形容词和名词、数词的区分比较容易，和一般自主动词的区分问题也不大，但是和表示心理活动的动词的区分很棘手。所以，还需要有一个过滤标准，以便把心理动词过滤出去，这就是：必须不能进入 S_3："（s）+很+[　]+o"。因为心理动词能进入此句法槽，而形容词转成的使动词不能进入此句法槽。

3. 凡是能够而且实际进入过 S_1，并能转换成 S_2，而又不能进入 S_3 句法槽的就是由形容词转成的使动词。为了与一般动词、名词和数词转成的使动词相区别，由形容词转成的使动词可称作形转使动词。例如："坦白"可以进 S_1 构成"战犯坦白罪行"，但不能转换成 S_2 构成"战犯使罪行坦白"，所以"坦白"不是使动词；"感动"可以进入 S_1 构成"故事感动（了）大家"，并能转换成 S_2 构成"故事使大家感动（了）"，但它还能进入 S_3 构成"故事很感动人"，所以"感动"虽然是使动词，但不是由形容词转成的使动词；"稳定"可以进入 S_1 构成"国家稳定物价"，并能转换成 S_2 构成"国家使物价稳定"，而且不能进入 S_3 构成"国家很稳定物价"，所以"稳定"就是形转使动词。

形转使动词是在语言实践的过程中产生的。未使用时，它的形容词性显、使动词性隐，所以在静态或常态下它是形容词；使用时，一般也是形容词性显、使动词性隐，但有时形容词性隐、使动词性显，只有这时我们才判定它为形转使动词。形转使动词是从语言运用中词性转化的角度来判定的，但是绝不能因此得出"依句辨品，离句无品"的错误结论，因为这些词在词库中它的基本词性就是形容词，是堂堂正正有"品"的，只不过"有带宾语的潜在可能性"。也正因为这些词在词库中虽然它的基本词性是形容词，却"有带宾语的潜在可能性"，因而才在具体运用中因其带上了宾语而转成了使动词。形容词的这种使动用法是在长期的语言实践中固定下来的，使用范围较广、频率较高，而且一般不能用另外一个动词代替，所以不能认为是修辞上的临时活用，而是词类转化，是由形容词转成了使动词，属于兼类词的范畴。但只是简单地称作兼类词，还不够恰当，因为已入句的这类形容词已不再是形容词，也不是形容词兼动词。所以笔者遵循人们的传统观念，依据词性的变化及本体与变体的先后顺序，称未入句的这类形容词为形兼使动词，已入句带宾语并且具有使动义的为形转使动词。形兼使动词和形转使动词的区别在于：前者兼具两种词性，后者只有一种词性；前者是语言材料，后者是言语产品。

四、形转使动词词表及形转使动词的示现条件

（一）根据以上确定的形转使动词的判定标准和鉴别程式，我们对《现代汉语词典》等词典辞书中的形容词加以考察和鉴别，得到下列形转使动词词表。

单音节 Va：安 败 板 悖 便 敞 澄（chéng） 赤 充 臭 促 矬 大 低 定 对 饿 烦 肥 富 干（gān） 公 拱 固 光 广 和（hé） 黑 横（héng） 宏（也写作"弘"） 缓 荒 慌 惑 尖 简 健 僵 骄 洁 紧 净 靖 静 窘 渴 空（kōng） 苦 宽 廓 辣 烂 劳 累（lèi） 冷 利 廉 亮 乱 麻 满 美 闷（mēn） 明 难（nán） 腻 宁（níng） 暖 偏 平 齐 强 倾 清 穷 曲 全 扰 热 柔 润 涩 疹 湿 瘦 纾 熟 爽 顺 松 酸 甜 调（tiáo） 铁 挺 通 痛 凸 秃 团 歪 弯 枉 危 温 稳 污 咸 香 斜 新 腥 羞 虚 驯 哑 痒 硬 娱 愚 伛 裕 圆 悦 匀 脏 昭 整 正（zhèng） 直 壮

双音节 Va：安定 便利 憋闷 澄清 迟滞 充沛 充实 纯洁 纯净 动摇 抖擞 端正 恶心 繁荣 方便 分散 粉碎 丰富 干燥

公开　巩固　孤立　固定　规范　寒碜　和缓　划一　缓和　涣散　焕发
荒疏　活跃　激奋　激扬　寂寞　坚定　健全　沮丧　开阔　开通　苦恼
快活　困惑　邋遢　冷淡　冷落　凉快　麻痹　麻烦　埋汰　迷惑　密切
勉强　明确　模糊　腻烦　腻歪　腻味　暖和　蓬松　疲惫　平定　平衡
平整　强壮　轻松　清心　清醒　热闹　润滑　润泽　沙哑　湿润　舒缓
舒展　疏散　疏松　竖直　顺气　嘶哑　松弛　松缓　松散　松懈　调和
挺直　通风　突出　歪斜　弯曲　完备　完善　为难　委屈　温暖　稳定
稳固　淆乱　协调　辛苦　兴奋　幸福　羞臊　絮烦　絮聒　驯服　严格
严密　严明　严肃　阴沉　愉悦　匀和　振奋　振作　震惊　镇定　镇静
整齐　中和　滋润

(二)形转使动词的示现条件。

1.单音节形转使动词的示现条件比较复杂

(1)有一部分单音节的形转使动词只出现在固定语主要是成语中，如：
惩前毖后　促膝谈心　富国强兵　富国安民　公之于世　推而广之　横刀立马　恢宏士气　造谣惑众　精兵简政　精简机构　廓清寰宇
劳民伤财　劳师动众　开宗明义　蓄须明志　息事宁人　齐心协力　齐头并进　倾箱倒箧　倾盆大雨　穷兵黩武　穷目远望　两全其美　毁家纾难
挺胸凸肚　贪赃枉法　虚席以待　裕民富国　以昭大信，等等。

(2)有的只出现在具有文言色彩或口语色彩的词语中，如：扰民　裕民
靖难　靖乱　娱情;香香嘴　干杯;等等。

(3)有的只出现在现代产生的词语中，如：美发　美容　健身　健脑
瘦身　洁肤　清心　清肺　顺气　利尿　便民，等等。

(4)有的不能直接带宾语，必须插入情态补语后才能带宾语，如：澄清天下　澄清事实　廓清寰宇　廓除阴霾　纾宽民力　危及国家　危及社会，等等。

(5)有的只能出现在口语中，和"人"构成动宾关系，表示人的某种心理感受，有时还要带上表示人的极端感受，显见夸张的情态补语，如：香人　臭

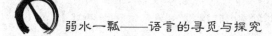

人 甜人 酸人 辣人 咸人;香死人 臭死人 甜死人 酸死人 辣死人 咸死人;等等。

(6)有的只能用在某种相对固定的语句中,如:一条臭鱼腥了一锅汤 大着胆子 别脏了我的手 别冷了人家的心 学人烂舌头 偷人东西烂手丫,等等。

(7)有的构成固定搭配,几乎凝结成词,如:腻人 麻人 瘆人 骄人,等等。

(8)个别单音节的形转使动词,虽然具备形转使动词的基本特征,即本是形容词,在句中用作动词,并且具有致使义,但找不到它的宾语,可以看作"准形转使动词",如(改过自)新。

(9)绝大多数(122)单音节的形转使动词只有一个义项转为使动义,极少数(9)有两个或三个义项转为使动义。只有一个义项转为使动义的,以第二个义项转为使动义的居多(70),第三个及以上义项转为使动义的稍少(52);两个义项转为使动义的很少(7),如"清"的④⑥,三个义项转为使动义的极少(2),如"平"的②⑤⑦。

2.双音节形转使动词的示现条件相对简单

(1)有的只能用在现代口语中,和"人"构成动宾关系,表示人的某种心理感受,个别的则必须带上表示人的极端感受,显见夸张的情态补语才行。如:憋闷人 恶心人 寒碜人 寂寞人 埋汰人 腻烦人 腻歪人 腻味人 絮烦人 邋遢死人,等等。

(2)有的后面必须带上动态助词"着"或"了",在其帮助下才能构成动宾关系。这种情况似应看作活用,但在文学作品中屡见不鲜,已经形成相对固定的形式,只能权作物化处理。如:沮丧着脸 蓬松着头发 沙哑着嗓子 嘶哑着声音 铁青着脸,等等。

(3)个别双音节的形转使动词,虽然具备形转使动词的基本条件,即本是形容词,在句中用作动词,并且具有致使义,但找不到或很难找到它的宾语,可以看作"准形转使动词"。如:顺气(?) 通风(?) 干燥(粮食) 凉快(~身子?) 轻松(一下神经?) 清心(?) 热闹(~婚宴?) 润滑(轮轴?) 弯曲

(钢筋?) 匀和(两种漆?) 中和(两种意见?),等等。

"清心""顺气""通风"除外,绝大多数(103)双音节的形转使动词只有一个义项转为使动义,其中第二个义项转为使动义的占绝大多数(102),第三个及以上义项转为使动义的占少数(17);只有一个是两个义项转为使动义的,如"粉碎"的②③。

五、"形+宾"中使动以外的几种情况

值得注意的是,形容词带上宾语后,并非都转成了使动词,另有相当大一部分只是转成了一般动词,而不具有使动义。按它们所带的宾语和由形容词转成的一般动词之间的关系,可以分为以下十种类型。

1.意动(带心意宾语):严萍讨厌那种姿势→严萍认为那种姿势讨厌/老天爷可怜穷人→老天爷认为穷人可怜/重效益→以效益为重/轻金钱→以金钱为轻。

2.自动(带自主宾语):绿了色蕉→芭蕉绿了/红了苹果→苹果红了/白了头发→头发白了/秃了(头)顶→(头)顶秃了

3.对动(带对象宾语):忠诚教育事业→对教育事业忠诚/清楚此事→对此事清楚/宽大俘虏→对俘虏宽大/肯定成绩→对成绩(加以)肯定

4.较动(带参照宾语):姐姐大我三岁→姐姐比我大三岁/我高他一个年级→我比他高一个年纪/短了二寸→比原来或预期的短了二寸/少了一些钱→比原来或预期的少了一些钱。

5.为动(带目的宾语):忙工作→为工作而忙/忙生意→为生意而忙/闹革命→为革命而闹/闹待遇→为待遇而闹。

6.因动(带原因宾语):难得糊涂→因糊涂而难得/忧虑着这件事→因这件事而忧虑/闹矛盾→因矛盾而闹/着急孩子升不上学→因孩子升不上学而着急。

7.与动(带与涉宾语):近中秋节→与中秋节近/不近情理→不与情理近/团结群众→与群众团结/团结知识分子→与知识分子团结。

8.在动(带处所宾语):滑雪→在雪上滑/滑冰→在冰上滑/流行全国→

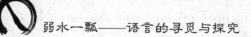

在全国流行/ 投机革命→在革命中投机/投机政治→在政治上投机。

9.主动(带主体宾语):活了五棵树→五棵树活了/活了十条鱼→十条鱼活了/密林中活跃着一支游击队→一支游击队活跃在密林中/高校集中着一大批人才→一大批人才集中在高校。

10.慎动(带险源宾语):仔细小偷儿→要对小偷儿仔细防备/仔细脑袋→要对脑袋仔细保护/小心地雷→要对地雷小心防备/小心玻璃→ 要对玻璃小心防护/小心眼睛 →要对眼睛小心保护。

六、形转使动词的语义特征

吕叔湘先生在论及动作和状态的关系时指出,"动作和状态""事实上是息息相通的""动作的完成就变成状态"。我们反过来说,状态的形成就是动作的完成,状态的变化就是动作的过程,而过程就是状态和动作的转换。

形容词表示恒定的状态即静态,动词表示变化的状态即动态,而形转使动词不仅和形容词不同,而且和一般动词也不同。一般动词只是表示动作、行为和变化的本身及动作、行为和变化的过程,不表示动作、行为和变化的结果,而形转使动词却不仅直接鲜明地表示出动作、行为和变化的结果,而且隐含着动作、行为和变化的过程和状态,所以我们可以从动作过程和变化状态这两个角度把形转使动词在时间的轴线上表示出来。

Va(形转使动词)

动作开始　　动作过程　　动作结果

T(时间)——————————————→

旧状态　　　变　化　　　新状态

据此,我们把形转使动词的语义特征概括为:〔+动作〕〔+变化〕〔+状态〕。

形转使。动词的语义特征是有显著的形式标记的,那就是:用作述语的必须是通常所说的形容词,而它后面又必须带宾语(它的宾语绝大部分是由名词或名词性短语充当的,也有一小部分是由谓词性词语充当的),而且这个宾语必须具有能够改变主语与动词之间语义关系的特殊功能和作用,如"国家稳定物价"是国家采取一定措施使物价具有稳定的性质,如果去掉宾语"物价"就成了"国家稳定"即国家具有稳定的性质。可见,形转使动词的宾语,不仅能使充当述语的形容词转成使动词,而且能使主语与动词之间的关系发生显著变化。后面不带宾语的形容词多数是静态形容词,如"香山的枫叶最红"中的"红";一部分后面带时体助词或时间副词的形容词是动态形容词,如"香山的红叶已经红了"中的后一个"红",这两种都不是使动词。而另一部分形容词后面带上了宾语,并且具有了使动义,这时虽然它们的词形没有改变,但是它们的词性改变了:由于词汇意义的转化,语法意义也有所改变,而由形容词变成了使动词。这种标记,显然不是词形标记或语音标记,而是"必须带宾语、必须具有使动义"的句法语义标记。

除了句法语义标记外,形转使动词还有一些表示时体意义的形式标记。

1.开始体:起( )来。

"起来"附着于形转使动词之后,表示变化的开始。被附着的形转使动词多数具有积极使动义。因为它后面不仅必须带上宾语,而且这个宾语必须具有改变主语和述语之间语义关系的特殊作用,和前面的形转使动词的关系特别密切,所以这个宾语能在一定程度上打破"补在宾前""先补后宾"的一般顺序,而插在趋向动词"起来"的中间,构成"起(宾语)来"格式,如"壮起胆来""直起腰来"等。形转使动词后附的"起来",和一般的动作动词后附的"起来"在表义上有所不同:一般动作动词后附的"起来"只是表示动作的开始,而形转使动词后附的"起来"不仅表示变化的开始,而且表示变化的过程,同时还兼表变化达到的程度或形成的状态。

2.持续体:着。

"着"附着于形转使动词之后,表示动作或状态的持续。被附着的形转使动词一般具有积极和消极兼混的使动义。"着"常常和表示时间和频率的副词"正""正在""也""还"同现,如"他正歪着头儿,眯缝着眼睛品鸟音"(梁斌《红旗谱》,第7页,简称为"红7",以下类同)、"严志和见他过去,也硬着头皮走过岗位去"（红 354）、"（她）还弯着胳膊肘,怕挡住挎包上的外国字"（《冯骥才选集一:雕花烟斗》,第 160 页,简称为"冯一 160",下同）。能带"着"的形转使动词所带的宾语,一般都必须是同源宾语,例如前举的"头"和"他"、"头皮"和"严志和"、"胳膊肘"和"她"等。能带"着"的形转使动词大多具有〔+暂时〕的语义特征,但把"着"概括为"短暂性持续"似有不妥。因为有的"着"附着在形转使动词之后,所表示的时体并不短暂,如"他不断地丰富着自己的知识",就很能说明这个问题。

"下( )去"表示变化的继续,和"着"表示动作或状态的持续稍有不同,但为了简明而不烦琐,也可归入持续体。"下去"和"起来"相反,附着的形转使动词一般具有消极使动义。它还和"起来"一样,具有容纳宾语插入的特点。如"他们的希望破灭了,只有低下头去"（红 12）、"他舒开两条胳膊,打了个 哈欠,又低下头去"（红 14）。

3.完成体:了。

"了"附着于形转使动词之后,表示动作的完成或变化的终结。被附着的形转使动词既有具有积极使动义的,如"清醒了一下头脑,才忍过去"（红 169）,又有具有消极使动义的,如"冯老兰慌了神,上深县请来了黑旋风,从中调停"（红 23）。"了"常常和表示时间的副词"已经""早""过早""立刻""就""可就""早就"同现,如"看样子反动派对二师学潮,已经铁了心了"（红 50）,"我们已经健全了农村基层组织"（朱德熙《现代汉语语法研究》）,"他又捏着额角说:'咳,我的眼呀,要是好不了,可就苦了我。'"（红 55）

4.经历体:过。

"过"附着在形转使动词之后,一般不是"表示某一动作曾经发生或某一状态曾经存在,但在说话时该动作已不进行,该状态已不存在"（刘××,1988）,而是"从将来的某一时刻来看事情成为过去"。被"过"附着的形转使动词数量极少,只限于带有表示某种状态意味的个别形转使动词。这种由带有表示某种状态意味的形容词转成的形转使动词都具有〔−暂时〕的语义特征,而且具有与现在比较的意味,如"低过头"和"弯过腰"中的"低"和"弯"所表示的状态都没有瞬间呈现、稍纵即逝的意味,所以可以说,"过"表示的并非一种短时体,而常常是否定的情况,能够与现实情况形成比较。"过"一般不和时间副词同现,而和否定副词"没"同现,如"没低过头"和"没弯过腰",这和"从将来的某一时刻来看事情成为过去"是相吻合的。

七、形转使动词的语义类(一)

(一)一个性质形容词,一旦后边带上了宾语,具有了使动义,成为形转使动词后,它就不再表示性质,而表示行为、变化和状态了。例如,性质形容词"纯洁"在"我们要纯洁党的组织"中带上了宾语"党的组织",具有了使动义,成为形转使动词之后,它就不再表示"性质洁净,没有杂质和污秽"的静态义,转而表示"使……纯洁"的动态义了。这个动态义比一般动词如"整顿"的"采取措施使之恢复正常秩序,焕发生机和力量"的单一行为义丰富得多,它不仅包含着行为之前的"不纯洁"和行为之后的"纯洁"两种性质状态,还包含着"采取措施使之纯洁"的行为手段和"由不纯洁到纯洁"的变化过程。但是它所表示的行为、变化和状态不是直接的,而是映射到宾语上,使宾语实现某种动作、行为,产生某种心理活动、生理感受,发生某种变化,呈现某种状态,而且不管是动作行为还是心理活动、生理感受,都伴随着变化和状态,所以说它的语义特征不能归结为一个,只能归结为一组,即〔+行为〕〔+变化〕〔+状态〕。但在原性质形容词的词汇意义的影响下,形转使动词的语义特征会各有侧重。据此,可以给形转使动词划分次类。

(二)A类形转使动词,带有较强的动作性,能致使宾语实现某种动作行为。语义特征可以表示为〔+动作/行为+(变化)+(状态)〕。圆括号内的语义特征为弱项,圆括号外的语义特征为强项,以下各次类的语义特征表示法同此。A类形转使动词又可以分为两个小次类。

1.表示动作的形转使动词。例如:

她沉着脸走过来,弯腰从椅子下边拿出眼镜递给他……(冯二281)

得空儿就拿起桑杈来勾她们削下来的谷穗……(赵树理《三里湾》第5、6页,简称"赵5、6",下同)

表示动作的形转使动词的动作性其实并不很强,一般都伴生一定的状

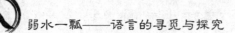

态,因而有时和表示状态的形转使动词有交叉。这类词很少,共有 33 个,约占整个形转使动词的 13%。它们是:

敞(开怀) 促(膝谈心) (一)矬(身) 低(头) 对(表) 干(杯)
拱(肩缩背) 横(刀立马) 缓(口气) 紧(鞋带) 净(~手) 满(上杯)
平(操场) 倾(箱倒箧) 清(垃圾) 曲(腿) 柔(麻) 松(手) 挺(了~腰)
通(炉子) 团(煤球) 歪(一下身子) 弯(腰) 斜(着眼睛) 驯(虎)
伛(着背) 匀(粪) 整(队) 正(衣冠) 直(了~腰) 弯曲(钢筋)
平整(土地) 歪斜(一下身子)

2. 表示行为的形转使动词。例如:

《圆"世纪之梦"还看今朝——祝贺南昆铁路胜利铺通》(《人民日报》1997 年 3 月 19 日)

文学开阔了我的视野和心胸。(《王蒙选集一》,第 2 页,简称"一 2",下同)

表示行为的形转使动词有的也伴有一定的状态性。这类词很多,是形转使动词的次主体部分,共有 93 个,约占整个形转使动词的 36%强。它们是:

安(邦定国) 败(家) (惩前)毖(后) 便(民措施) 澄(清事实)
赤(身裸体) 充(耳不闻) 臭(死个人) 定(了~神) 饿(他两天)
(损公)肥(私) 富(国强兵) 公(之于世) 固(沙造林) (推而)
广(之) 和(事佬) (恢)弘(士气) 坏(了事) 缓(兵之计) 荒(了几
亩地) 慌(了手脚) 简(政放权) 健(身) 僵 (着脸) 洁(身自好)
净(一~手) 靖(边) 静(下心来) 窘(他) 渴(他一会儿) 空(着手)
苦(了你) 宽(心) 廓(清寰宇) 劳(民伤财) 累(人) 利(尿)
廉(政) 亮(起嗓子) (以假)乱(真) 满(上一杯) 美(容) 闷(着一
锅饭) 明(目) 难(他一难) (息事)宁(人) 暖(~手) 偏(心眼)
平(操场) 强(身) 倾(箱倒箧) 清(账) 穷(兵黩武) 扰(民)
热(一~饭) 柔(麻) 润(~嗓子) 湿(透了背心) 瘦(身运动)
纾(宽民力) 熟(~词儿) 顺(~文字) 松(口气) 调(味) 完(璧归赵)

枉(法)　　危(及生命)　温(酒)　稳(住他)　显(影)　兴(调查研究之风)
驯(马)　　娱(情)　愚(民)　裕(民)　冤(人)　整(队)　闭塞(眼睛)
澄清(事实)　抖擞(精神)　公开(政务)　固定　(人数)　划一(规格)
集中(精力)　劳累(诸位)　麻烦　(大家)　勉强(自己)　松弛(神经)
疏散(群众)　统一(口径)　滋润(心田)

(三)B类型转使动词,带有较强的心理和生理色彩,能致使宾语产生某种心理活动或生理感受。语义特征可以标记为[+心理活动/生理感受+(变化)+(状态)]。B类型转使动词也可以分为两个次小类。

1.表示心理活动的形转使动词。例如:

以此麻痹咱们的斗志,瓦解咱们的队伍。(冯一27)

她愈加感到自己错怪了郑玉侠,委屈了郑玉侠。(冯一522)

表示心理活动的形转使动词也较多,共有51个,约占整个形转使动词的20%。它们是:

安(心)　大(着胆子)　烦(人)　黑(了心)　(造谣)　惑(众)
急(人)　窘(他一~)　冷(着脸)　麻(人)　闷(人)　腻(人)
瘆(人)　痛(心)　喜(人)　羞(他)　悦(目)　壮(胆)　安定(人心)
憋闷(人)　抖擞(精神)　恶心(人)　孤立(敌人)　激奋(人心)
寂寞(人)　坚定(信心)　沮丧(敌人)　开通(思想)　苦恼(人)
快活(~嘴)　困惑(人)　冷淡(客人)　冷落(客)　麻烦(人家)
埋汰(人)　满足(要求)　勉强(人家)　腻烦(人)　腻歪(人)　腻味(人)
融洽(关系)　讨厌(人)　为难(你)　委屈(你)　稳定(人心)　兴奋(一下神经)　絮烦(人)　厌烦(人)　冤枉(人)　镇定(情绪)　振奋(精神)
振作(精神)

2.表示生理感受的形转使动词。例如:

人家养猪,是为吃肉香香嘴。(红246)

你甭在领导跟前,臭我郭振山的名声,抬高你自家!(柳青《创业史》第205页)

表示生理感受的形转使动词最少,只有21个,约占整个形转使动词的

131

8%。它们是：

臭(人)　(良药)苦(口)　辣(眼睛)　累(人)　麻(人)　暖(~手)
清(肺)　热(身)　爽(口)　涩(口)　酸(牙)　甜(人)　香(~嘴)
咸(人)　腥(了一锅汤)　醒(酒)　脏(了手)　暖和(身子)　湿润(了眼
睛)　温暖(人心)　辛苦(你了)

(四)C类形转使动词,带有催化剂的性质,能致使宾语发生某种变化。
语义特征可以标记为[+(行为)+变化+(状态)]。例如：

坏事就坏在大牙上!(冯二528)

惹不起说:"说瞎话叫你烂舌根!……"(赵98)

表示变化的形转使动词,有时也兼表状态。这类词很少,只有24个,约
占整个形转使动词的8%。它们是：

黑(着灯)　肥(了私)　富(了少数人)　坏(了事)　僵(着脸)
烂(嘴丫)　冷(了场)　亮(了灯)　齐(了头发)　强(身)　松(手)
碎(石机)　熟(~词)　湿(了鞋)　(改过自)新　匀(~菜)　壮(骨)
粉碎(粮食)　缓和(矛盾)　便宜(你了)　松弛(神经)　兴奋(一下头脑)
振奋(人心)　振作(精神)

(五)D类形转使动词,带有很强的描写性,能致使宾语呈现出某种状
态。语义特征可以标记为[+(行为)+(变化)+状态]。例如：

咱光脚不怕穿鞋的。(冯二476)

严志和圣起脑袋瞪了他一眼……(红21)

表示状态的形转使动词,有时也兼表变化。这类词最多,是形转使动词
的主体,共有146个,约占整个形转使动词的57%。它们是：

板(着脸)　敞(着怀)　赤(着脚)　饿(着肚子)　肥(田)　富(国强
兵)　拱(着腰)　固(本)　光(着头)　(推而)广(之)　横(刀立马)
(恢)宏(士气)　荒(了田)　慌(了手脚)　尖(着嗓子)　健(身)　僵(着
脸)　净(了手)　靖(边)　静(下心来)　窘(他)　渴(他一会儿)　空(着
手)　宽(衣)　廓(清寰宇)　亮(着灯)　乱(了阵脚)　满(上一杯)
美(死他了)　闷(着头)　明(目)　(息事)宁(人)　偏(着身子)　平(操

场) 齐(头发) 强(身) 倾(盆大雨) 清(道) 曲(突徙薪) (两)全(其美) 柔(麻) 瘦(身) 疏(苗) 凸(肚) 秃(着头) 歪(着身子) 弯(腰) 污(了名声) 斜(着身子) 虚(席以待) 哑(了嗓子)

裕(民富国) 圆(场) 匀(~菜) 脏(了手) (以)昭(大信) 整(队) 正(衣冠) 直(~腰) 安定(人心) 便利(公众) 澄清(是非) 迟滞(了工程进展) 充沛(着活力) 充实(自己) 纯洁(队伍) 动摇(军心)

端正(态度) 繁荣(市场) 方便(了行人) 分散(兵力) 粉碎(敌人的阴谋) 丰富(节日市场) 干燥(粮食) 公开(身份) 巩固(国防) 孤立(敌人) 固定(沙丘) 规范(市场秩序) 寒碜(人) 和缓(局势) 划一(规格) 缓和(关系) 涣散(斗志) 焕发(青春) 荒疏(学业) 活跃(气氛) 激奋(人心) 激扬(工作热情) 坚定(信心) 健全(组织) 沮丧(着脸) 开阔(眼界) 开通(思路) 邋遢(死人了) 模糊(了视线) 蓬松(着头发) 平定(情绪) 平衡(产业布局) 平整(土地) 强壮(身体) 轻松(一下身心) 清醒(一下头脑) 润滑(一下轮轴) 润泽(皮肤) 沙哑(着嗓子) 湿润(了眼睛) 舒缓(身心) 疏散(人口) 疏松(土壤) 竖直(了耳朵) 嘶哑(着嗓子) 松弛(一下神经) 松缓(一下情绪) 松散(~紧张的心情) 松懈(斗志) 调和(关系) 铁青(着脸) 挺直(腰板) 突出(重点) 弯曲(钢筋) 完备(设施) 完善(责任制) 稳定(市场) 稳固(堤坝) 淆乱(视听) 协调(各部门工作) 兴奋(一下头脑) 羞臊(他) 驯服(烈马) 严格(纪律) 严密(制度) 严明(纪律) 严肃(法纪) 阴沉(着脸) 愉悦(身心) 匀和(~漆) 振奋(士气) 振作(精神) 震惊(中外) 镇定(一下情绪) 镇静(情绪) 整齐(步调) 中和(了两方面意见) 滋润(皮肤)

(六)E类形转使动词,既带有催化的性质,又带有描写的性质;既可致使宾语发生某种变化,又可致使宾语呈现某种状态。语义特征可以标记为[+(行动)+变化+状态]。例如:

严志和喝了口茶,低头坐在炕沿上,老半天,才伸直脖子咕嗒咽下去。(红22)

时而又舒展面容,似乎领略到这些人话中的奥妙。(冯一17)

既表示变化又表示状态的形转使动词较多,也是形转使动词的主体部分,共有63个,约占整个形转使动词的24%。它们是:

安(了心)　低(了头)　定(了神)　黑(了心)　紧(鞋带)　静(了心)

净(了身)　健(胃)　宽(了心)　乱(军之罪)　满(了杯)　平(操场)

偏(着头)　清(账)　齐(头发)　顺(了气)　松(口气)　碎(石机)

稀(果)　斜(着眼)　直(起腰)　澄清(事实)　充实(基层)　纯洁(队伍)

抖擞(精神)　端正(态度)　繁荣(经济)　方便(群众)　粉碎(玉米)

丰富(生活)　干燥(粮食)　巩固(阵地)　孤立(敌人)　涣散(军心)

活跃(气氛)　激动(人心)　健全(组织)　精炼(文字)　均衡(力量)

开阔(视野)　密切(关系)　明确(目标)　模糊(视线)　平衡(收支)

平缓(局势)　平均(地权)　平整(土地)　强壮(身体)　清洁(厨房)

清醒(头脑)　润泽(轴承)　疏散(群众)　疏松(土壤)　松弛(精神)

突出(主题)　完善(制度)　兴奋(神经)　幸福(千万家)　严肃(法纪)

严格(考纪)　振作(精神)　整齐(步伐)　壮大(力量)

八、形转使动词的语义类 (二)

凡是形转使动词则必具有使动义,不具有使动义的就不是形转使动词,而"使动义分为两种:一种是积极的,一种是消极的。积极的使动义与自主义并存,消极的使动义与非自主义并存"(马庆株《自主动词和非自主动词》)。据此,我们可以把形转使动词分为积极性(自主性)形转使动词和消极性(非自主性)形转使动词两种。但是,有的形转使动词难以辨识清楚究竟是积极使动还是消极使动,可以作第三种即兼混性形转使动词处理,而在实际运用时则可利用上下文来具体判定。

(一)所谓积极性形转使动词,能致使后面所带的宾语发生向好的方面发展的变化,从而使人们得到希望得到的结果,所以在它们的义位中都隐含着"希望得到"的共同义素,因此可以利用能否变换为"使+O+得到+Va"来加以检验和判定。能变换为"使+O+得到+Va"的,是积极性形转使动词,不能如此变换的则不是积极性形转使动词。积极性形转使动词共86个,约占整个形转使动词的33%。

1.单音节的积极性形转使动词共32个,约占整个积极性形转使动词的37%。它们是:

> 对 肥 富 简 健 净 靖 亮
> 满 美 明 暖 平 齐 清 轻
> 强 全 柔 润 松 熟 顺 甜
> 通 响 裕 悦 圆 匀 正 壮

2.双音节的积极性形转使动词共54个,约占整个积极性形转使动词的63%。它们是:

> 安定 便利 澄清 充沛 充实 纯洁
> 端正 繁荣 方便 丰富 干燥 巩固
> 固定 规范 缓和 焕发 活跃 激奋
> 坚定 健全 开阔 开通 快活 密切
> 明确 暖和 平定 平衡 平整 强壮
> 清醒 融洽 润泽 湿润 疏散 舒展
> 突出 完备 完善 温暖 稳定 稳固
> 协调 严格 严密 严明 严肃 愉悦
> 镇定 振奋 镇静 振作 整齐 滋润

(二)所谓消极性形转使动词,能致使后面所带的宾语发生向坏的方面转化的变化,从而使人们得到不希望得到的结果,所以在它们的义位中都隐含着"不希望得到"的共同义素,因此可以利用能否变换为"使+O+受到+Va"来加以检验和判定。能变换为"使+O+受到+Va"的,是消极性形转使动词,不能作如此变换的,则不是消极性形转使动词。消极性形转使动词共42个,约占整个形转使动词的17%。

1.单音节的消极性形转使动词共27个,占整个消极性形转使动词的64%强。它们是:

臭　低　干　光　黑　坏　紧　绝　空
困　烂　冷　乱　偏　破　穷　曲　屈
湿　碎　歪　弯　咸　闲　斜　脏　直

2.双音节的消极性形转使动词共 15 个,占整个消极性形转使动词的 36%弱。它们是:

闭塞　分散　公开　孤立　涣散
冷淡　冷落　麻痹　勉强　松懈
歪斜　弯曲　紊乱　驯服　阴沉

(三)所谓兼混性形转使动词,是指能致使宾语发生既能向好的方面发展又能向坏的方面转化的变化,从而使人们既可以得到希望得到的结果,又可以得到不希望得到的结果,或者是分不清能致使宾语向好的方面发展还是向坏的方面转化的变化,说不明得到的是人们希望得到的积极、肯定的结果还是不希望得到的消极、否定的结果。前者如"圆",在"圆场"这个动宾结构里是积极性形转使动词,而在"圆谎"这个动宾结构里则是消极性形转使动词;后者如"大",在"大着胆子"这个动宾结构里究竟是积极性形转使动词还是消极性形转使动词很难分清和说明,即使借助具体语言环境也很难判定。但是,它们的宾语一般都是高级生命体,它们本身一般都表示心理活动或生理感受,一般都隐含"感到"的共同义素,因此,可以利用能否变换为"使+O+感到/觉得+Va"来加以检验和判定。能变换为"使+O+感到/觉得+Va"的是兼混性形转使动词,不能变换的则不是。兼混性形转使动词共 54 个,约占整个形转使动词的 20%。兼混性形转使动词又可以分为两个小类:一类是兼义性形转使动词,一类是混义性形转使动词。

1.所谓兼义性形转使动词,是指同一个形转使动词在不同的言语环境中,有时致使宾语发生向好的方面发展的变化,使人们得到希望得到的积极、肯定的结果;有时致使宾语发生向坏的方面转化的变化,使人们得到不希望得到的消极、否定的结果。兼义性形转使动词共 3 个,约占整个兼混性形转使动词的 6%。兼义性形转使动词没有双音节的,只有单音节的。它们是:

肥 热 圆

2.所谓混义性形转使动词,是指这些形转使动词无论在什么言语环境里所表示出来的意义究竟是致使宾语向好的方面发展还是向坏的方面转化,究竟是人们希望得到的还是人们不希望得到的,难以分清和说明。混义性形转使动词共51个,约占整个兼混性形转使动词的94%。

(1)单音节的混义性形转使动词共26个,约占整个混义性形转使动词的51%。它们是:

大　饿　烦　横　慌　急　尖　僵　静
窘　渴　苦　宽　辣　累　麻　难　腻
涩　瘆　酸　甜　湿　香　羞　硬

(2)双音节的混义性形转使动词共25个,约占整个混义性形转使动词的49%。它们是:

憋闷　恶心　寂寞　沮丧　苦恼
快活　劳累　麻烦　埋汰　满意
腻烦　腻歪　腻味　疲惫　疏远
松弛　讨厌　为难　委屈　辛苦
兴奋　幸福　絮烦　厌烦　冤枉

兼混性形转使动词的判定,涉及一个拿什么作参照对象的问题。例如,在"拿这道题难难他"里,如果以"拿这道题"的施动者作参考,那么"难"就属于积极性形转使动词;如果拿受事"他"作参考,那么"难"就属于消极性形转使动词了。再如,在"这件事只有麻烦你了"里,如果以"麻烦"的施动者作参考,那么"麻烦"就是积极性形转使动词;如果以受事"你"作参考,那么"麻烦"就是消极性形转使动词,而在"这件事可真麻烦人"里,"麻烦"就只是消极性形转使动词了。

九、形转使动词的句法特征

形转使动词的句法特征,应该也可能在句法形式上得到反映,从而体现为句法特征。

形转使动词最主要的句法特征,表现在组合能力上,就是它后面一定带有宾语,而且这宾语具有改变主语与形转使动词之间关系的特殊作用,这就使它在句法上与动态形容词(张国宪用语)不同,能够自给自足,辅助成分或辅助手段可有可无,就是说,形转使动词多数可以直接带宾语,也可以根据表达的需要带上辅助成分或使用辅助手段。只有少数形转使动词成句时必须与辅助成分同现,或与辅助手段共用。

　　1.能够直接带宾语的形转使动词208个,约占整个形转使动词的82%。

　　(1)能够直接带宾语的单音节形转使动词共116个,约占能够直接带宾语的形转使动词的54%。它们是:

安(神)　败(家)　(惩前)毖(后)　便(民)　敞(胸露怀)　赤(膊)
充(电)　臭(他)　促(膝谈心)　(一)矬(身)　低(头)　定(苗)　对(焦)
饿(他)　烦(人)　肥(田)　富(民)　干(杯)　拱(腰)　固(齿)　光(前裕后)
(推而)广(之)　和(事佬)　横(刀立马)　(恢)宏(士气)　坏(事)　缓(气)
慌(神)　(造谣)惑(众)　急(人)　简(政)　健(身)　洁(厕灵)　紧(螺丝)
净(手)　靖(边)　清(场)　窘(人)　渴(他)　空(手)　苦(自己)
宽(心)　困(人)　辣(眼睛)　烂(舌根)　劳(心)　累(人)　冷(场)
利(尿)　廉(政)　亮(灯)　乱(党乱军)　麻(嘴)　美(容)　闷(饭)
明(目)　难(人)　腻(人)　(息事)宁(人)　暖(心)　偏(心)　平(操场)
齐(头发)　强(身)　倾(盆)　清(账)　穷(兵黩武)　曲(腿)　(苟)全
(性命)　扰(民)　热(菜)　柔(麻)　润(喉)　涩(口)　瘆(人)　湿(鞋)
瘦(身)　疏(果)　熟(皮子)　爽(口)　顺(口)　松(手)　酸(牙)
甜(人)　调(味)　铁(心)　挺(身)　痛(心)　(挺)胸　凸(肚)　痒(人)
弯(腰)　完(璧归赵)　枉(法)　温(酒)　稳(压器)　污(人清白)
喜(人)　咸(人)　显(像)　香(人)　(一)新(耳目)　羞(他)　虚(席以待)
驯(兽)　娱(情)　愚(民政策)　裕(民)　冤(人)　圆(场)　悦(目)
匀(肥)　(以)昭(大信)　整(队)　正(衣冠)　直(腰)　壮(胆)

　　(2)能够直接带宾语的双音节的形转使动词共92个,约占能够直接带宾语的形转使动词的46%。它们是:

安定(人心) 闭塞(眼睛) 便利(交通) 憋闷(人) 充实(力量)

纯洁(队伍) 端正(态度) 恶心(人) 发达(经济) 繁荣(市场)

方便(群众) 分散(注意力) 丰富(生活) 干燥(玉米) 公开(秘密)

巩固(政权) 孤立(敌人) 固定(位置) 缓和(矛盾) 涣散(军心)

活跃(气氛) 激动(人心) 集中(精力) 寂寞(人) 坚定(信念)

简便(手续) 健全(制度) 沮丧(敌人的精神) 均衡(力量) 开阔(视野)

开通(风气) 苦恼(自己) 快活(人) 劳累(你) 冷淡(人) 冷落(人)

麻痹(敌人) 麻烦(你) 埋汰(人) 密切(关系) 勉强(自己) 明确(目的)

模糊(视线) 腻烦(人) 腻歪(人) 腻味(人) 暖和(手脚) 疲惫(敌人)

便宜(他) 平衡(收支) 平缓(局势) 平静(情绪) 平均(地权)

平整(土地) 强壮(身体) 清洁(厨房) 清醒(头脑) 融洽(关系)

润泽(轮轴) 湿润(嘴唇) 疏散(群众) 疏松(土壤) 舒展(肢体)

松弛(神经) 松懈(纪律) 讨厌(人) 统一(祖国) 突出(主题)

弯曲(双腿) 完善(制度) 为难(他) 委屈(你) 温暖(人心)

稳定(物价) 稳固(堤坝) 紊乱(秩序) 协调(关系) 辛苦(大家)

兴奋(神经) 幸福(千万家) 絮烦(人) 驯服(狮子) 严格(考纪)

严肃(党纪) 厌烦(人) 冤枉(人) 振作(精神) 镇定(情绪)

镇静(自己) 整齐(步伐) 壮大(力量) 滋润(土地)

　　2.凡能直接带宾语的形转使动词,大都也能先带上辅助成分,然后再带宾语。例子俯拾即是,故从略;必须与辅助成分同现,或与辅助手段共用的形转使动词,虽然为数不多,却需分类缕述。

　　(1)必须带"了"的形转使动词,不能进入"Va+N",只能进入"Ｖa+了+N"。

　　单音节的共13例。它们是:

黑了(灯) 黑了(心) 满了(杯) 苦了(孩子) 冷了(人家的心)

偏了偏(身子) 清了清(嗓子) 湿了(鞋) 铁了(心) 腥了(一锅汤)

哑了(嗓子) 脏了(手) 脏了(衣服)

　　它们如果不带"了",大多会变成偏正结构,而不再是述宾结构,因

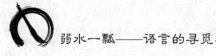

而也不再具有使动义。如：黑灯　黑心　满杯　苦孩子　冷（……心）
湿鞋　铁心　腥（……汤）　哑嗓子　脏手　脏衣服，等等。

双音节的，迄未发现一例。

（2）必须带"着"的形转使动词，不能进入"Va+N"，只能进入"V a+着+N"。

单音节的共 10 例。它们是：

大着（胆子）　黑着（灯）　尖着（嗓子）　歪着（脑袋）　（别）闲着（他）
斜着（眼）　斜着（身子）　硬着（头皮）　横着（身子）　光着（膀子）

它们如果不带"着"，大多会变成偏正结构，而不再是述宾结构，因
而也不再具有使动义。如：大胆子　黑灯　尖嗓子　歪脑袋　斜眼　斜身
子　硬头皮　光膀子，等等。

双音节的只有 4 例。它们是：

充沛着（活力）　阴沉着（脸）

歪斜着（身子）　蓬松着（头发）

它们如果不带"着"，要么不能构成述宾结构，如：充沛活力　阴沉
脸；要么构成的述宾结构就像机器缺少润滑油那样生涩，如：歪斜身子
蓬松头发。

（3）必须带"过"的形转使动词，不能进入"Va+N"，只能进入
"Va+过+N"。

单音节的共 9 例。它们是：

败过（家）　错过（机会）　光过（屁股）　坏过（事）　空过（手）
热过（菜）　湿过（鞋）　歪过（脖子）　正过（音）

它们如果不带"过"，大多会变成偏正结构，而不再是述宾结构，因
而也不再具有使动义，如：光屁股　坏事　热菜　湿鞋　歪脖子　正音，
有的因缺少润滑油而显得涩滞不通，如：错机会。

（4）必须带上补语的形转使动词，只有 3 例，单音节的。它们是：

廓（清寰宇）　纾（宽民力）　危（及国家）

（5）可以用重叠的方式表示短时体的形转使动词。

AA：沉沉气　低低头　定定神　对对表　紧紧螺丝　净净手　静静心　宽宽心　亮亮相　美美容　难难他　暖暖身子　偏偏身子　平平操场　破破规矩　齐齐头发　清清嗓子　轻轻装　热热菜　柔柔麻　润润嗓子　松松土　熟熟皮子　顺顺气　歪歪脑袋　弯弯腰　温温酒　香香嘴　圆圆场　匀匀菜　正正衣冠　直直腰　壮壮胆

ABAB：充实充实自己　端正端正态度　繁荣繁荣市场　方便方便群众　丰富丰富生活　巩固巩固学过的知识　缓和缓和矛盾　活跃活跃气氛　坚定坚定立场　健全健全制度　快活快活嘴　麻烦麻烦你　密切密切关系　暖和暖和身子　平衡平衡收支　平静平静心情　平整平整校园　清醒清醒头脑　疏松疏松土壤　舒展舒展肢体　松弛松弛神经　统一统一口径　完善完善制度　委屈委屈你　稳定稳定情绪　协调协调关系　辛苦辛苦大家　振作振作精神　镇定镇定情绪　壮大壮大力量

A了A：沉了沉气　低了低头　定了定神　对了对笔记　紧了紧螺丝　净了净手　亮了亮相　美了美容　难了难他　暖了暖手　偏了偏身子　平了平操场　破了破规矩　齐了齐头发　清了清嗓子　轻了轻装　曲了曲腿　热了热菜　柔了柔麻　润了润嗓子　松了松土　熟了熟皮子　顺了顺文字　歪了歪脑袋　弯了弯腰　温了温酒　圆了圆场　匀了匀肥　正了正衣冠　直了直腰　壮了壮胆

A一A：充一充电　臭一臭他　矬一矬身　低一低头　定一定神　对一对表　饿一饿他　烦一烦他　拱一拱腰　缓一缓气　急一急他　尖一尖嗓　紧一紧螺丝　净一净手　静一静心　宽一宽心　辣一辣他　累一累他　亮一亮相　美一美容　难一难他　偏一偏身子　平一平操场　破一破规矩　齐一齐头发　清一清嗓子　轻一轻装　曲一曲腿　热一热菜　柔一柔麻　润一润嗓子　松一松土　熟一熟皮子　顺一顺文字　歪一歪脑袋　弯一弯腰　温一温酒　香一香嘴　圆一圆场　匀一匀肥　正一正衣冠　直一直腰　壮一壮胆

形转使动词的句法特征,还表现在充当句子成分上。充当句子成分是形转使动词的主要的句法特征。形转使动词在句子中充当的句子成分只能也必须是述语,因此,充当述语是形转使动词的唯一的句法功能。但是,形转使动词是黏附动词,只要一进入句子就必须带宾语,不带宾语也就不成其为形转使动词了,所以说它具有"板块性"。因此我们不能简单从事,只把它看成述语就完事,而要把它和它后面的宾语看作一个有机整体、一个预制件,分析这个预制件"Va+N"在句子中所能充当的成分。

1."Va+N"在句子中大部分作谓语。例如:

她那么体贴,那么痴情,用十倍于往昔的温存温暖着他那颗受了伤的心。(王一54)

笑语,能减除痛苦,抵销伤感,缓和紧张,松弛精神,健脾养胃,还能加强生活的信心。(冯三87)

2."Va+N"在句子中有时作定语。例如:

但是它……完全违背了当时地下党组织积蓄力量、发展组织、麻痹敌人的方针。(王二375)

放暑假的时候,大着肚子的海云办好了休学手续回到了家。(王二97)

3."Va+N"在句子中有时作宾语。例如:

贵他娘说:"就够麻烦你们了……"(红5)

不办就说不办,用不着恶心人家。(王二469)

4."Va+N"在句子中有时作补语。例如:

吃瓜子儿吃得口焦舌燥,烂嘴角,口腔里起泡……(王二343)

这里这所房子、产业,成年叫外来的一群大耗子啃得都空了心了。(《曹禺选集二·北京人》)

5."Va+N"在句子中有时还作连谓成分。例如:

我必须从自己身上寻找力量充实自己。(冯三138)

秀梅咬紧了不松嘴。(王二530)

6."Va+N"在句子中有时还作兼语后部的述语部分。例如:

何时我们才能尽情地歌唱啊,让歌声滋润我们焦渴的心田。(王三110)

特邀代表,沈明同志鼓励,上专区报纸,上省报,报告文学……简直使人

傻了眼。（王二 504）

7.“Va+N”有时还在充当句子成分的句子形式中作成分，即作成分的成分。例如：

人生又能有几次……这种终于度过了严冬又来到了暖人的春光里的欢欣？（王二 308）

为什么老二老是长针眼，而老四老是烂嘴角？（王二 321）

8.“Va+N”有时还作充当状语的介宾结构的宾语。例如：

我们只抓了建党，对于巩固党没给以应有的注意……（王一 421）

真该死，屋子连透透气儿也不能……（冯三 38）

十、形转使动词的回溯和前瞻

形转使动词古已有之，至少可以追溯到春秋时期，如《左传·成公十年》“（大厉）坏大门及寝门而入。公惧，入于室。又坏户”中的两个“坏”即是。到了战国时期，用词简约，兼义颇丰，形转使动词大兴，如《战国策》秦三《蔡泽见逐于赵》“君之为主，正乱、批患、折难、广地、殖谷、富国、足家、强主，威盖海内，功章万里之外”中的“正”“广”“富”“足”“强”即是。可是，随着社会生活的日益繁复、语言分工的日益精细，表示动作和行为的动词日渐增多，这种形转使动词又日渐减少，如“坏大门”这种用法在汉唐时期即已不见了。然而到了现代，因为语言表达思维反映生活不仅要求准确细腻，而且要求简约蕴藉，而形转使动词不仅准确细腻，而且简约蕴藉，并且能产性很强，所以又呈日渐增多之势。这表现在两个方面：一是旧有形式装进了新的内容，赋予了新的意义，例如“圆梦”的“圆”作为一个形转使动词，和“梦”构成了一个离合词，或者说是一个动宾结构。这种形式早就存在，但原来是指对梦境进行解说，以测吉凶，而现在则是指实现梦想，诸如“圆大学梦”“圆参军梦”“圆（当）教师梦”“圆（当）演员梦”“圆（当）画家梦”“圆（当）音乐家梦”“圆（当）作家梦”“圆（当）科学家梦”“圆足球梦”“圆冠军梦”“圆奥运梦”“圆航天梦”“圆强国梦”，等等；二是全新的组合、全新的意义，例如“美”作为一个形转使动词，和一个名词性词语构成一个动宾结构，大约是改革开放前后的事。检视 1962 年出版的《汉语词典》(简本)还未收列这样的双音节词,直到 1978 年出版的《现代汉语词典》才收列了一个,那就是"美容",意思是"使容貌美丽"。从那以后又陆续出现了"美发""美眉""美乳",并连带出现了"美容师""美发师""美容院""美发厅""美容霜""美尔姿""美容觉""美容热",等等。这两个方面的表现说明,现在的形转使动词不仅数量上有所增加,而且使用频率也在急剧飙升。然而,其运用范围并不平衡,粗略地说,口语多于书面语,在书面语中文学作品又多于政论文章,在文学作品中小说戏剧又多于诗歌散文;"而且多半用来表示人身某一部位或器官呈现某种性质特点,描绘色彩很浓,有的是夸张,并非实指"(高守纲《汉语中的词义转化兼类词》)。在运用过程中,有的单音节形转使动词和它的宾语凝结成动宾式的词,如"安心";有的两个近义的形转使动词分别和它们的两个语义关联的宾语凝结,从而构成联合型的成语,如"平心静气"。

不过事物的发展总是具有两面性的。在当代,形转使动词在拓展运用空间的过程中也有僭越走偏的情况,例如辽宁电视台影视频道 2005 年 10 月 9 日广告语"健康骨骼,年轻体态",原意似乎是"使骨骼健康,使体态年轻",但也可理解为"健康的骨骼,年轻的体态",究竟是什么意思,颇费猜度,不好说定,这样就造成了歧义和歧解。更有甚者,竟出现了生造形容词并强令它具有使动义的情况,例如辽宁卫视 2009 年 3 月 1 日广告语"高露洁冰爽牙膏,冰爽你的感觉"。另外,央视综合频道 2006 年 5 月 27 日广告用语"精彩我生活",新闻频道 2007 年 6 月 24 日广告用语"激扬我生活",央视综艺频道 2009 年 1 月 1 日广告用语"新鲜你的生活",央视综艺频道 2009 年 12 月 24 日广告用语"舒适你的心扉",央视体育频道 2010 年 1 月 10 日广告用语"安踏体育:健康自己 健康中国",2010 年 5 月 26 日广告用语"康踏体育:健康自己 健康中国",其中的"精彩""激扬""新鲜""舒适"和"健康"等形容词带宾语的情况也值得商榷。笔者认为,在文学作品中,词语活用不仅可以而且应该甚至必要,但作为公众媒体特别是央视频道,具有很强的教化、引导和示范作用,应以规范性为准绳,应为祖国语言的纯洁和健康树楷模,舍此岂有他哉!此类现象,究竟应该如何看待和处理,应当引起语文工作者的关注和研讨。

附志：这是笔者 1997 年在南开大学做国内访问学者时提交的论文，12年后翻检出来，晒晒太阳，并稍作修改，不揣鄙陋，拿来发表，以求教正。博士生导师刘叔新、马庆株两位先生曾提出宝贵的修改意见，获益良多，在此谨表深挚的谢忱。

补赘：此前不久，惊悉刘先生已于 2016 年仙逝，不胜感念和悲痛，权借此文寄托绵亘的哀思。

参考书目：

朱德熙:《关于动词形容词"名物化"的问题》
范晓:《关于形容词带宾语》《论致使结构》
马庆株:《汉语动词和动词性结构》
高守纲:《汉语中的词义转化兼类词》
李佐丰:《先秦汉语的自动词及其使动用法》
李泉:《现代汉语"形+宾"现象考察》
王启龙:《带宾形容词的统计分析》
彭利贞:《论使宾动词》
叶长荫:《"形(兼动)+宾"结构》

怎一个"弑"字了得

——"崔杼弑君"情状辨

"崔杼弑君"在中国的历史上影响较为深远,从春秋时齐国太史,到战国时的范雎说秦昭王、孙子谏春申君,到西汉元帝时的北地太守谷永对元帝策,再到南宋文天祥的正气歌,再到今人陈晓编的《史记故事》等,都曾把它作为重要的历史事件提了出来。

"弑"是一个历史词,具有很强的贬义色彩。《新华词典》、《现代汉语词典》(修订本)、《康熙字典》对它的解释几近一致:"古代指臣下杀死君主或子女杀死父母",只有《辞海·词语分册》稍有不同:"古时剥削阶级称臣杀君、子杀父母为'弑'"。

按照词典上的解释,春秋时期齐国太史的记载"崔杼弑其君",言之凿凿,一字千金,语含褒贬,确当无疑。但是,这是封建正统观念的表现,是主流意识形态的反映,是过去剥削阶级的说法。我们今人岂能概而论之,欣然接受?岂能简单从事,不作分析!我们必须用历史的发展的眼光重新审视,必须具体问题具体分析。就是说,对此类杀人事件,要看是发生在什么时代,要看是谁杀谁,还要看为什么杀和被杀,即该杀不该杀。

在古代,君主杀臣民,不管该杀不该杀,都无罪;臣民杀君主,不管该杀不该杀,都是死罪。推而广之,上杀下都无罪,下杀上都是死罪。因为以下犯上就是作乱,作乱就是死罪,这是封建礼法和封建秩序的硬性规定,无理可言。但是,对于一般人杀一般人来说,可就另当别论了,必须论个是非曲直,到底该杀不该杀,即是好人杀坏人还是坏人杀好人。如果是好人杀坏人,则是天理昭彰,大快人心。如果是坏人杀好人,当然应该绳之以法,判处极刑。因为坏人是罪有应得,不杀不足以平民愤。不然的话,就没有天理了,就会无法无天。武松杀死西门庆,小而言之是为兄报仇,大而言之是伸张正义、替天行道。难道我们能因为武松杀了人,就以杀人犯的罪名把他逮捕法办,而不把他看成英雄吗？当然不能。应该说,武松不仅是自然界中的打虎英雄,更是人类社会中的打"虎"英雄!

那么,春秋时期的齐庄公究竟该杀不该杀呢？有关的史料揭示,齐庄公并不像有人想象的那样,是一个励精图治、振兴齐国的有为君主,而是一个在国政管理上粗心大意、在生活上挥霍无度、在作风上淫荡纵欲的人。正如齐庄公的重臣、当时著名的外交家晏子当面指斥齐庄公所说:"婴闻之,众而无义,强而无礼,好勇而恶贤者,祸必及身,若公者之谓矣。"意思是说,"无义""无礼""恶贤者"说的就是你齐庄公,你的下场是"祸必及身"啊!即便阻止崔杼杀晏子的"或"也说:"……以子之君无道而杀之。"连他都承认齐庄公确是"无道",这绝非捕风捉影、凭空捏造,而是言之凿凿,有真凭实据的。具体罪状有五:一是齐庄公是崔杼立为国君的,本应感恩戴德,反倒恩将仇报。二是齐庄公为君不尊,和崔杼妻通奸。朋友之妻尚不可欺,更何况臣妻呢!三是齐庄公和崔杼及崔杼妻棠姜三人是同宗兄弟姐妹,通奸实乃乱伦,罪莫大焉。四是齐庄公不仅和崔杼妻通奸,而且还拿崔杼的帽子送人,借以羞辱和激怒崔杼。而在过去,上流社会和知识阶层恪守的原则是:士可杀而不可辱。齐庄公如此羞辱崔杼,是可忍孰不可忍!五是侍从劝说齐庄公不要做得太过分,但齐庄公色胆包天,恣意妄为,不仅不听,还强词夺理。由这五条罪状来看,齐庄公罪不容赦,确实该杀。

那么,齐庄公的死刑可不可以由崔杼来执行呢？当然可以。人人得而诛之嘛!如果放在现代的法制社会,齐庄公即便该杀,也要走相应的法律程序:上诉、调查、取证、审讯、宣判,还要由执法人员来行刑,如果是非执法人员执行了嫌疑人的死刑,则要承担相应的法律责任。然而,事情不是发生在现代,而是发生在古代,不是发生在法制社会,而是发生在法制远未建立和健全的封建社会初期,那时没有刑法等完善健全的法律制度,更没有公安局、检察院和法院等执法机构和执法人员。那时虽有官府,但官员大多昏庸贪腐,而且没有专门的机构和人员受理,所以,无权无钱的苦主,要么咬碎钢牙,往肚子里咽;要么以死相拼,用暴力解决问题。据此,我们可以说,崔杼设计杀掉齐庄公,既可以说是为保全自己的声誉维护家庭和谐的私谋,更可以说是为民除害稳定国家的义行壮举。

作为后来者,我们应该理解崔杼所处的时代和社会,"春秋之中,弑君三十六,亡国五十二,诸侯奔走不得保其社稷者不可胜数"。纷争战乱之世,此类事甚多,我们不能过多地单独地责备他。我们不仅不应该责备他,而且应该理解他的苦衷和无奈。作为一个"弑君者",他和别的"弑君者"有所不同:一是别的"弑君者"弑君为的多是"篡位",而他弑君为的是"雪耻";二是别的"弑君者"弑的多是"有道"之君,而他弑的是"无道"之君;三是别的弑君者弑的不是自己所立之君,而他弑的是自己所立之君,先立后弑,无奈之极;四是别的"弑君者"弑君多是主动而为,而他的弑君是不得已而为之。

有人认为,崔杼弑君有其根本性的政治原因,而齐庄公与其妻私通只是导火索,确有一定的道理。襄公二十三年"秋,齐侯伐卫",又"自卫将遂伐晋",这场战争规模很大,齐庄公调动的兵马计有第一先锋、第二先锋、齐庄公的战车、齐庄公的副车、左翼部队、右翼部队、后军等七八路,众将麇集,但唯独没有在此前的成公十七年、襄公二年、襄公九年、襄公十四年,在此后的襄公二十四年、襄公二十五年六次单独率齐师出征的崔杼。在这种极端反常的情况下,在齐庄公"将遂伐晋"这种关系国家前途命运的重大事情面前,在这危急的时刻,崔杼毅然谏曰:"不可。臣闻之,小国间大国之败而毁焉,必受其咎。君其图之。""弗听。陈文子见崔武子,曰'将如君何?'武子曰:'吾言于君,君弗听也。以为盟主,而利其难。群臣若急,君于何有?子姑止之。'"这说明,齐庄公为争当盟主,决意攻打晋国,是一种短视行为、不智行为,"必受其咎",必遭其败,而崔杼明知齐庄公利令智昏,不会听取他的逆耳忠言,但坚持进谏是恪尽职守、为国尽忠。这说明,当时齐庄公和崔杼君臣不和、政见相左已经相当严重了,齐庄公已经不信任崔杼了,而崔杼对齐庄公也非常不满,甚至恼羞成怒。这为后来的弑君埋下了仇恨的种子。襄公二十五年,"庄公通焉,骤如崔氏,以崔子之冠赐人。侍者曰:'不可。'公曰:'不为崔子,其无冠乎?'崔子因是,又以其间伐晋也,曰:'晋必将报。'欲弑公以说于晋,而不获间。"这又为后来的弑君按下了打火机,即将引爆仇恨的炸药。但是,要说崔杼弑君是"其政治野心的充分外露",我还不敢苟同。因为,这时的崔杼想要弑君,只是"以说于晋",为的是和盟主晋国友好相处,而并无篡逆之心。之前的齐灵公病死,迎立齐庄公,之后的杀齐庄公而立齐景公,二立其君雄辩地证明了这一点。杀都敢杀,还有什么不敢干的呢,包括自立为君。只是或者根本没往这方面想,或者也许还有几分顾忌罢了。

我们如果不为"弑"字障目,而是仔细地审视历史,那么我们就不仅会理解他的无奈和苦衷,而且会得出更为准确的结论:崔杼不仅无罪,而且有功;不仅不是齐国的逆子贰臣,反倒应该是齐国的柱石功臣。

首先,崔杼作为春秋时期齐国的权臣,历事齐惠公、顷公、灵公、庄公、景公五朝,高峰期曾任右相,权倾朝野,而且两立其君:灵公二十八年,灵公病,他趁机迎故太子光而立之,是为庄公;鲁襄公二十五年,他弑庄公,立庄公的异母弟杵臼,是为景公。我们说,"弑君"不能说是罪莫大焉,反倒可以说两立其君功莫大焉。

其次,崔杼作为齐国的权臣,广泛地参与了春秋时期的政治、军事和外交活动,现罗列如下:

成公十七年"齐侯使崔杼为大夫,使庆克佐之,帅师围卢"。

成公十八年"十有二月,仲孙蔑会晋侯、宋公、卫侯、邾子、齐崔杼同盟于虚打"。

襄公二年"冬,仲孙蔑会晋侯、齐崔杼、宋华元、卫孙林父、曹人、邾人、滕人、薛人、小邾人于戚,遂城虎牢"。

襄公元年"夏,晋韩厥帅师伐郑,仲孙蔑会齐崔杼、曹人、邾人、杞人次于鄑"。

襄公二年"冬,复会于戚,齐崔武子及滕薛小邾之大夫皆会,知武子之言故也"。

襄公六年"晏弱围棠,十一月丙辰,而灭之,迁莱于郳。高厚、崔杼定其田"。

襄公九年"冬十月,诸侯伐郑,庚午,季武子、齐崔杼、宋皇郧从荀罃士匄门于鄑门……斩于栗"。

襄公十年"诸侯伐郑。齐崔杼使太子光先至于师，故长于滕"。

襄公十四年"于是齐崔杼宋华阅仲江会伐秦"。

襄公十九年"齐侯疾，崔杼微逆光，疾病而立之"。

襄公二十三年"晏平仲曰：'君恃勇力，以伐盟主。若不济，国之福也。不德而有功，忧必及君。'崔杼谏曰：'不可。臣闻之，小国间大国之败而毁焉，必受其咎。君其图之。'弗听。陈文子见崔武子，曰：'将如君何？'武子曰：'吾言于君，君弗听也。以为盟主，而利其难。君臣若急，君于何有？'子姑止之"。

襄公二十四年"秋七月甲子朔，日有食之，既。齐崔杼帅师伐莒"。

襄公二十五年"春，齐崔杼帅师伐我北鄙。夏五月乙亥，齐崔杼弑其君光"。

襄公二十五年"春，齐崔杼帅师伐我北鄙，以报孝伯之师也"。"丁丑，崔杼立（景公）而相之"。

经传记载如此之多，几乎找不出第二人可与他媲美。由此可见，崔杼确实不是一个庸碌贪鄙的昏官，而是一位勤于国事、鞠躬尽瘁的贤臣，堪称春秋时期齐国的政治家、军事家和外交家。非但如此，他还不是一个普通的政治家，而是一位相当开明、颇为宽厚的政治家。根据之一，《史记》记载："成有罪，二相急治之，立明为太子。成请老于崔，崔杼许之，二相弗听，曰：'崔，宗邑，不可。'"相比之下，崔杼准成所请，较二相棠无咎与东郭偃开明宽厚得多。根据之二，"（齐）太史书曰：'崔杼弑其君。'崔子杀之。其弟嗣书，而后者二人。其弟又书，乃舍之。"崔杼杀太史，事不过三，隐忍有度。根据之三，晏子拜祭被弑身死的庄公后，"人谓崔子：必杀之。崔子曰：'民之望也，舍之，得民。'""丁丑，崔杼立庄公异母弟杵臼，是为景公。……二相恐乱起，乃与国人盟曰：'不与崔、庆者死！'晏子仰天曰：'婴所不获唯忠于君利社稷者是从！'不肯盟。庆封欲杀晏子，崔杼曰：'忠臣也，舍之。'"和庆封者流相比，崔杼确实要开明宽厚得多，且有一定的人才观念和民本思想。

综上所述，我们不能因齐太史一个"弑"字就一笔抹杀了崔杼其人其功，而要结合当时的时代、社会、国家、家庭、个人的具体情况，对其弑君的情状作具体分析,该肯定的要肯定,真正该否定的再否定。其实,"崔杼弑君"事件的原因、经过、结果相当复杂。就原因来说,既有主要原因(政治矛盾),又有次要原因(淫妻之恨);既有内部原因(君臣不和),又有外部原因(开罪晋国);既有被杀者原因(为君无道),又有杀人者原因(保家卫誉)。就经过来说,既有事前设计的精密,又有事中实施的曲折;既有幕后主使者的胜算,又有协同者的鼎力,还有执行者的坚持。就结果来说,既有旧君被弑,又有新君被立;既有崔氏权倾朝野,又有崔庆矛盾加剧;既有当时家庭的保全,又有后来家庭的毁灭;等等。对如此复杂的重大的历史事件,当时的齐国太史仅只书曰"崔杼弑其君"五个字,其核心仅一"弑"字。简是简了,但算不上"简要",只能说是"苟简"。我们钦佩齐太史秉笔直书、正义凛然、以身殉史、不怕牺牲的精神,但又为他的"苟简"感到无以名状的遗憾!

我劝定盦重抖擞,另作《"病书"馆记》篇

——读《病梅馆记》有感

　　夜读龚自珍《病梅馆记》,深为钦佩定盦先生审美思维深邃,目光如炬如锥,一展眼就洞穿了当时文人画士的孤僻之隐,即"梅以曲为美,直则无姿;以欹为美,正则无景;以疏为美,密则无态"。而且指出,他们的这一隐衷被人明告鬻梅者,于是鬻梅者"斫其正,养其旁条,删其密,夭其稚枝,锄其直,遏其生气,以求重价",结果导致"江浙之梅皆病"。毋庸置疑,定盦先生并不是反对"以曲为美""以欹为美""以疏为美",而是反对"直则无姿""正则无景""密则无态"这种单纯的片面的是非观念和判别标准,尤其反对用这种孤僻的武断的是非观念和判别标准"以绳天下之梅",从而达到"以夭梅病梅为业以求钱"的卑劣自私的目的。

　　正思索间,偶一抬头,吸顶灯柔和的辉光下瞥见北墙上原环保部副部长孙嘉绵在参加全国中老年书画作品北京邀请展时为我书写的行草条幅:孟浩然的《春晓》。字写得清丽峭拔,柔中有刚,如嫦娥奔月仙袂飘飘,又似公孙大娘舞剑罡风飒飒,进而联想到孙先生当时有感而发的一番话。他盛赞著名书法家邵秉仁先生,说他不仅字写得好,修为上乘,而且见解独到深邃精辟,针砭时弊毫不留情。邵先生认为时下书风不正,有些书者一窝蜂写天书,以怪为美,以僻为美,以险为美,以狂为美,字写得忽大忽小、忽长忽短、忽正忽斜、忽疏忽密,信笔由之,恣情挥洒,强调反差,拉远距离,追求变态,矫揉造作,无视规矩,遑论法度,无视笔画,呕耐字形,让人认不得、猜不出,不知所书为何字,更不知所书为何意。这种病字和定盦先生在《病梅馆记》中怜惜并加以疗救的病梅何其相似! 究其病源,应该出自当今个别书法大家的孤僻之隐,各种书法大赛前举办的强化班的负面引导。因而导致当今书坛沉迷于某一种风格流派,追求某一种审美趣味,结果造成一种表面上龙吟虎啸、热闹非凡,实际上却是驽马驰骛、良驹伏枥的局面,正如姜澄清先生

所说，"文化层次很低的书法家比比皆是"，而真正意义上的书法家却没有几个。纵观当今书坛，所谓大师、大家、名家摩肩接踵，而当代王羲之、王献之、张旭、智永、怀素却从未谋面；检阅各类书法赛事，不乏上乘之作，特等奖、金奖、一等奖车载斗量，却很难找到巅峰之作，绝无极品、神品、妙品，触目皆是平庸之作，满纸怪僻险狂涂鸦。我们并不是一概地反对怪、僻、险、狂，怪而不俗、僻而不陋、险而不平、狂而不拘也是难得之美，我们反对的是视不怪为俗、不僻为陋、不险为平、不狂为拘。笔者认为，如果一味地怪、僻、险、狂，而斥不合怪僻险狂者为俗、陋、平、拘，则可能使书法艺术沦为纯粹的线条艺术、行为艺术、纯艺术、为艺术而艺术的艺术。这种艺术完全抛开了艺术所以产生的生活基础，完全抛开了艺术的实用价值，完全抛开了几千年传承下来的优秀传统，到头来这些只能供少数人捧在手心把玩的"怪胎"，自我欣赏、自我陶醉的"杰作"，势必像断线的风筝，随风而来，也必将随风而去，书法史上不会留下任何让人注目和流连的踪迹和印痕。谁也不应也不能否认，各种书体都有自己的法度，这是书法存世之根本，离开法度，就会沦为无根之木无源之水，当然更无以为书体了，即便是草书也是这样，"观其法象，俯仰有仪""就而察之，一画不可移"。突破创新，不仅允许而且必须，不仅认同而且提倡，但任何突破和创新，都必须以晋唐以来继承沿袭下来的法度为基础和前提，舍此无他！

邵先生等所观览品评的可能并非当今书坛全貌，但也并非个别现象，我们不想也不能以偏概全，但"病书"的负面影响确实不可小觑、不可低估！假如龚自珍先生再世，面对此等"病书"，一定会愤然命笔予以抨击，写出《"病书"馆记》来；假如定盦先生地下有知，那就写吧，我们给你点赞！

沙孟海先生的"雄强"书风所从何来

——从其极力推崇《裴将军诗帖》说起

沙孟海先生的书法广涉篆、隶、真、行、草诸体,尤精行草书,善作擘窠大字,被誉为"书坛泰斗";其行草书大气磅礴,雄浑遒健,淳厚沉郁,舒卷多变,被誉为"沙体"。那么试问,"沙体"从何而来?"沙体"的"雄强"书风又所从何来?是娘胎带来的吗?是梦中神授的吗?当然不是。沙先生在《我的学书经历和体会》一文中说:"事实上,各种文艺风格,各有所因。"那么,"沙体"书风形成的原因是什么呢?大而言之,有历史原因、时代原因、社会原因、家庭原因、个人原因等,需作长篇分析论证,在这里我们只想撷取一斑,以窥全豹。

沙先生早期学生李文采在《读〈沙孟海论书丛稿二则〉》一文中说,沙先生"叙述自己的风格的形成,也只说学了某碑、某帖的结果,决不虚无缥缈地说借外国精神、时代精神、个人精神而创新的话"。那么,沙先生学了什么碑帖呢?沙先生在《我的学书经历和体会》中说:"三十岁左右,我喜爱颜真卿《蔡明远》《刘太冲》两帖,时时临习。"

从表面看,这似乎就是答案,但愚以为非也。因为沙先生最推崇的不是颜真卿的蔡、刘二帖,而是《裴将军诗帖》。这样说的证据有四:一是沙先生在《我的学书经历和体会》中接着说:"颜真卿《裴将军诗》或说非颜笔,但我爱其神龙变化,认为气息从《曹植庙碑》出来,大胆学习,也曾偶然参用其法。"二是沙先生在《宋拓忠义堂帖影印本前言》中又说:"我们认为《裴将军诗》隶、草相参,神龙变化,在书法艺术上是一件值得重视的作品。"三是沙先生在《临〈裴将军诗〉自记》中又说:"鲁公《裴将军诗》境界最高,或疑非颜笔。余谓此帖风神胎息于《曹植庙碑》,大气磅礴,正非鲁公莫办。"四是沙先生在《颜真卿行书蔡明远、刘太冲两帖》中又说:"颜真卿又有《裴将军诗帖》,参合真、行、草书为之,章法离奇。论者或极口称道,或斥为伪作。个人认为颜真卿此帖胎息于《曹植庙碑》、智果《评书帖》，纵横驰骤，奇正相生。这一境界，非颜真卿大力，谁办得到？"沙孟海先生在上述四篇书学论稿中四次提到《裴将军诗帖》，反复申说，重复论断。认为此帖"大气磅礴""章法离奇""纵横驰骤""奇正相生""神龙变化""境界最高""值得重视"，其中"章法离奇""奇正相生""值得重视"就已经是很高的评价了，而"纵横驰骤""大气磅礴""神龙变化""境界最高"则更是推崇备至无以复加的最高评价。试问沙先生对蔡、刘二帖有这样的评价吗？没有，根本没有；对其他碑帖有这样的评价吗？也没有，绝对没有。因此可以说，沙先生对颜真卿《裴将军诗帖》是心仪已久、情有独钟。

沙先生如此推崇颜真卿《裴将军诗帖》，那么他又是如何临写此帖的呢？因为时间等原因，我们未能看到沙先生临写此帖的真迹，更无缘现场目睹先生临写时的风采，但从沙先生上述四篇文章和李文采《读〈沙孟海论书丛稿〉》字里行间，我们完全可以窥见沙先生对临写碑帖的超卓认识和独特做法。沙先生"认为临摹碑帖贵在似，尤其贵在不似"，"传世王铎墨迹多是临写古帖，取与石本对照，并不全似，甚至纯属自运，不守原帖规矩，这便是此老成功的所在"。基于这种认识，沙先生对颜真卿《裴将军诗帖》总是从大处着眼，从总体上把握。既关注此帖的"章法离奇""奇正相生"，更关注此帖的"纵横驰骤""大气磅礴""神龙变化"的艺术"境界"，而且突出强调"境界"，把此帖的"大气磅礴""神龙变化"誉为"最高"的"境界"。由此可以看出，沙先生看重的不是此帖笔法的粗细、肥瘦、浓淡，字法的长短、大小、欹正，章法的几种字体参合而书，墨法的枯湿相杂而生，而是此帖的整体气象、气势、气韵，是此帖的大气磅礴、变化多端，时而巍峨峥嵘，时而姿容秀出，楷书似泰山登顶一览众山小，行草书如龙翔虎跃，荡起片片云海阵阵松涛。所以，当沙先生看到李文采用拷贝纸钩填复制装裱的长卷《裴将军诗帖》时，"目光就停留在《裴将军诗》上，凝视了很久"。请注意，"凝视"是"聚精会神地看"，时间是"很久"。沙先生为什么如此痴迷呢？这是因为李文采把零散的几块拼成了一整幅，便于先生从整体上观览和把握。我们想象得出，先生观览此帖时，仿佛看到了裴旻将军舞动宝剑寒光闪闪的勃勃英

姿,仿佛听到了冲锋的号角、战马的嘶鸣,仿佛见证了刀光剑影、血肉横飞的壮烈。沙先生正是这样下足了字外功夫,所以才捕捉到此帖拂去历史风尘闪射出的刚健有力的风骨和变化多端的神韵。正因为认识如此之高,所以沙先生临写《裴将军诗帖》的做法也非同一般,一是"大胆学习",二是"也曾偶然参用其法"。"参用其法",无非是参用"奇正相生""离奇"的"章法",即"楷行草书杂合而为之",这只是技法之一端,所以只是"也曾偶然"参用。重要的是"大胆学习"。"学习"前为什么加"大胆"二字呢?这是因为,沙先生不喜欢循规蹈矩,跟在古人后面亦步亦趋,而不敢越法书雷池一步;沙先生喜欢像《裴将军诗帖》那样打破常规,冲出樊篱,走出自己的新路,开出一片新天地。正如沙先生自己在《传统与创新问题》一文中所说:"他们何尝为创新而创新,只是功夫到家,自然而然,神明变化,幻化出新风格来。"颜真卿正是这样,在《裴将军诗帖》中锐意改革,推陈出新,楷书显得庄严,行草显得劲拔,而又正而不拘、草而不险,从而集五百年来雄浑刚健一派之大成,幻化出虎啸龙吟的雄强书风来;沙先生也正是这样,从临写颜真卿《裴将军诗帖》中学到并逐渐形成了他自己的雄强的书法风格。

　　沙先生临写颜真卿《裴将军诗帖》取得了很大的成功,没有谁怀疑,但要说沙先生深味此帖的真谛,汲取到了此帖的精髓,在此基础上形成了自己的雄强书风,则需要事实上的证明。其实此疑不难解决,只要纵览沙先生一生主要是中晚期创作的书法作品,无论是圆转遒劲的篆书、沉静冷峻的隶书,还是庄严刚毅的楷书,特别是龙飞虎跃骐骥驰骤的行草书,自然会冰释无迹了,只要精研细磨沙先生20世纪60年代以来创作的毛泽东诗词行草书作品,就会对上述结论确信不疑。我们未能看到沙先生行草书毛泽东诗词的全部作品,但就网上的八幅作品:《浪淘沙·北戴河》《十六字令》《菩萨蛮·黄鹤楼》《水调歌头·重上井冈山》《七律·长征》《卜算子·咏梅》《减字木兰花·广昌路上》《蝶恋花》,就足以说明这个问题了。从总体上看,这八幅作品每一幅都笔力雄健,酣畅淋漓,浓淡交织,润燥相杂,时而浓墨淋漓润透纸背,时而飞白飘逸掠纸而过,灵动处如蛟龙出海,遒劲处似藤蔓缠枝。"藤蔓缠枝"不正是沙先生雄强书风最好的写照吗!如果说,毛泽东诗词是叱咤风云的激情迸发,那么,沙孟海的笔墨律动就是饱蘸这种激情绽放的艺术奇葩;如果说,没有毛泽东旷世的博大胸襟开阔视野,就没有雄奇的毛泽东诗词,那么,没有沙孟海高才八斗巨笔如椽,也就没有以毛泽东诗词为内容的雄强的书法珍品!

由沙先生推崇临写颜真卿《裴将军诗帖》以至最终形成自己雄强书风的学书历程,我们得到了一点启示,那就是临写碑帖似乎可以分为三个阶段:第一阶段是初级阶段,即"形似"阶段;第二阶段是中级阶段,即"似与不似"阶段;第三阶段是高级阶段,即"神似"阶段。沙先生30岁以前临写碑帖,诸如《蔡明远》《刘太冲》《裴将军诗帖》等,应该属于初级阶段,那时他力求做到各种笔法、字的间架结构、篇章布局临写得越像越好、越逼真越好,惟妙惟肖几可乱真是其追求目标。沙先生30岁以后直到20世纪中叶,应该属于中级阶段,那时他认为"临摹碑帖贵在似,尤其贵在不似",犹疑在"似"与"不似"之间:既然临摹,当然要"似",但一味临摹,没有突破规范,没有创新,怎么"会有新的境界出来"?因而他奋力冲撞樊篱,以至有所突破、有所创新,惜未彻底改变面貌。沙先生从20世纪60年代后期书写毛泽东诗词直到90年代初,应该属于高级阶段。当时他已充分认识到:"纯属自运,不守原帖规范",才是王铎临写古帖"成功的所在"。这样他就由临摹古碑帖迅速转身而为自己创作,完成了从"形似"到"似与不似"再到"神似"的转化,从而幻化出属于他自己的独特的"雄强"书风来。

综上所述,谨以朱熹的名句作结:问渠那得清如许,为有源头活水来。为有《裴将军诗帖》的峻拔,才有沙孟海先生书风的"雄强"!

高中语文"自学研讨"教学模式刍议

语文教学和其他学科的教学一样,要注重学生的能力培养。语文教学不仅要培养学生对语文基础知识的理解和记忆能力,而且要培养学生对语言的感受分析能力,更要培养学生的口头和书面的表达能力。但最重要的还是培养学生的自学能力。这是因为,自学能力一旦拥有,自学习惯一旦形成,则将终身受用。叶圣陶说过,教育就是培养习惯;培根说过,习惯是人的主宰。习惯一旦形成,便形成一种半自动化潜意识的行为,对人生、事业、生活起着永久性的作用。然而习惯的养成,不是一蹴而就,而要经过反复训练。有人做过实验,一个好习惯至少要重复 21 次,才有可能巩固。

"自学研讨"教学模式是一种以学生自学和师生共同研讨为主要形式的阅读教学模式,体现"学生为主体,教师为主导"的教学原则。在这种教学模式中,教师应当成为学生学习的引导者、组织者和合作者,激发学生的学习的积极性,为学生提供自学、质疑和研讨的平台,使学生成为学习的主人。"自学研讨"教学模式的程序是:预习—质疑—研讨—归纳。因此,学生自学能力的培养,自学习惯的养成,要从抓好预习开始。

如何抓好学生的预习,是搞好自学研讨的关键。首先,要从培养自学能力的高度,向学生讲清预习的重要作用和意义。然后,教给学生预习的方法,即语文预习五步法:一看,就是看课文前的单元说明或辅导材料的自学提示,看课文,看注释,看课后练习,力求对整个单元和单篇课文有一个初步的印象和全面的了解;二查,就是查工具书《现代汉语词典》和《古汉语常用字字典》等,弄清容易误读的字音和不易辨识的字形,弄清疑难或关键词语和句子的含义,扫清文字障碍;三思,就是思考,即根据提示、课文和练习题进行思考,如提示的内容是否真懂了,文章主题的概括、层次的划分、段意的归纳、关键语句的理解、写作特色的分析等问题能否解决,课后习题是否能够回答等;四批,就是在不懂的地方标上符号,批上自己的见解;五记,就是记笔记,把在看、查、思、批四个环节中的重要内容落到笔上,认真记录下来。在这五步中,最重要的是"看"和"查","看"和"查"是自学预习的起码要求,而在"看"中,最最重要的是看课文,熟读课文,至少两遍以上,这是自学预习的基本内容,必须切实做到并做好。不然的话,预习笔记写得再整齐,再工整,也会流于形式,徒然浪费时间和精力。最后,只是教给学生方法还不够,还必须加强督促和检查,好的表扬,差的促进;在班内搞预习笔记传阅和展览,树立样板,号召学习,而对较差的则会同班主任进行教育并加强指导。

只是通过预习来培养学生的自学能力还远远不够,还必须通过质疑—研讨—归纳来训练、培养和发展学生的思维能力。这就是说,要在预习的基础上,让学生提出一些疑难问题和关键性问题,或由教师提出几个有逻辑联系的问题,启发学生思考,引导学生展开研讨,最后则由教师来明确问题的答案,加以归纳。其中"质疑"是关键,必须抓住三个环节才能解决好。一是营造氛围,让学生敢问。要让学生敢于提问,首先就要营造出一种宽松和谐的环境和气氛,使学生心情舒畅,精神饱满,迅速进入学习的最佳状态,乐于提问,敢于提问。只有这样,才能激发出活泼机敏的思维能力和超乎想象的创造能力。二是拓展渠道,让学生乐问。在学生还未养成思考的习惯或者虽想问但理不出头绪无从发问时,教师可以设计好部分问题,让学生模仿教师提问,重在引导和鼓励;也可以通过开展评选"最佳问题"和"最佳提问学生"等活动,在学生中造成一种竞争的态势,进而养成多思、乐问的良好习惯。三是精心组织,让学生善问。这是很难做到的,因为在开初阶段,学生的提问往往是简单而肤浅的,常常是从现象到现象,很少会有触及本质的一连串的"为什么"。这时,教师就要引导学生在占有较为丰富而又较为实际的感性材料的基础上,运用较为科学的思维方法对感性材料进行加工制作,从而实现由感性认识到理性认识的转化,提出触及事物本质及其规律的问题。不仅如此,教师还要引导学生从培养创新精神和实践能力方面提问,以求多方面提高所提问题的质量。

至于"研讨"和"归纳",限于篇幅,这里就不赘述了。但有一点必须注意,那就是不能滥用研讨的方式,不给学生足够的思考时间和科学的指导,使课堂研讨流于形式,要给学生一定的时间准备和酝酿,并要抓住学生非常关切的主要问题,及时加以恰到好处的点拨。

总之,在"自学研讨"的教学模式中,教师应针对不同层次的学生提出不同的要求,尽量让学生多看、多查、多思、多问,尽量让他们自己"跳起来摘果子"。

树立大教学观,拓展作文教学视野

作文即写作,是一种综合性的脑力劳动。这种劳动是正确的思想认识,周密的思维能力,端正的写作态度,应有的理论知识和实践经验,相应的语言能力和表达技巧的综合。这种综合性脑力劳动是一种高级技能。这种高级技能是要经过科学训练、严格训练、反复训练才能获得和提高的,绝非多听几节作文课、多看几篇名篇范文、多学多记写作基础知识、多读多积累文学词汇所能奏效,也绝非多写几篇作文就能解决问题的。而且,提高写作水平和能力是一辈子的事情,是终身事业,不可能一蹴而就,毕其功于一役;不可能在作文课堂就基本获得,也不可能在学校就完全练就。因此,要想真正提高写作能力,就不仅要以课堂为主场,努力打好基础,还要走出课堂,走上社会,多观察多思考,多读书多积累,多练笔多写作;还要把写作作为一种良好的习惯,坚持一辈子,这样才能越写越好,越写越得心应手。这就是作文教学的大教学观。大教学观指导下的作文教学,不仅包括课堂作文指导、作文批改、作文讲评,还包括组织诗歌散文等写作课外活动小组,组织学生参加年级或学校作文竞赛、习作展览,组织学生轮值做校广播台站编辑,还应该包括指导学生每天写日记,包括组织学生参加当地市区举办的征文活动、做学校或市区广播电视台站的小记者见习采访等。具体说有以下几点:

一、作文教学,课堂无疑是主场,教师是主导,而学生则是主力。在课堂教学时要经常对学生强调两点:一是多写多练,二是反复修改;而对教者自己则强调三点:一是指导要得法、到位,二是批改要细致、精当,三是讲评要给学生喝彩、鼓劲。具体做法和体会是:

1. 教学生作文,首先要注意培养学生的写作兴趣,帮助学生树立写好作文的信心。学生在开初不会写或写不好,这是正常的;不怕不会写,就怕没兴趣。作为语文教师,这时的主要任务就是在学生作文似通非通的词句中发现思想的火花,在平淡的叙写中捕捉语言的闪光点,巧妙地加以放大,从而引发他们的兴趣,使他们建立起信心。例如高一(2)班丁某鹏的作文写得词不达意、绊绊磕磕，但其中偶或有一两句会使你眼前一亮，比如《时间是挤出来的》一文里有一句"古往今来，有许许多多的伟人，都是靠挤'小时间'做成'大事情'的"，《一次失败的尝试》一文里写到第一次学炒鱼香肉丝时放进锅里的辣椒未用水泡，爸爸说："以后让你盖楼，你也忘一道工序，那能行吗？"我觉得话虽平常，但很朴实、蕴藉，于是就加以圈点，给予肯定。这样一来，他就来劲了，就在作文上下了大功夫，用副班主任朱老师的话来说：丁某鹏自习课不干别的，不看别的学科书，就在那儿看《作文指导》，就鼓捣作文。单练作文，固然不好，但他对作文有了兴趣，是值得欣喜并加以提倡的，因为爱因斯坦说过，兴趣是最好的老师！

2. 教学生作文，还要帮助学生克服自卑或自负心理。有的学生看范文时啧啧赞叹，轮到自己动手时就感到十分为难，不知从哪儿下笔，不知怎样写为好，总觉得自己不是那块料。例如高一（2）班申某琦，非常懒，懒得连腰都不愿直起来，经常趴在桌上睡觉。但就是这样一个学生，据了解，他当年却是沈阳市游泳队主力队员。这就是说，他的脑瓜并不笨，曾在游泳方面展露过才华。于是，我在要求学生以《一次尝试》为题，写一篇记叙与抒情、议论相结合的文章时，把他叫到办公室，让他介绍一下在市游泳队学游泳的具体情况。这时他的眼睛马上亮了起来，告诉我：他只差一点就进省队，甚至有入选国家队、参加奥运会的机会。可惜机会失去了……说着他的眼睛湿润了。我告诉他："古语说得好：失之东隅，收之桑榆；亡羊补牢，未为迟也。你既然能学好游泳，就一定能写好作文。你这次就写你学游泳的事，写你如何呛水、如何挨剋、如何苦、如何累，但你坚持下来了，练到了市队主力的水平……"几天后，他把草稿拿给我看，我觉得他写得挺好。我帮他修改了几处，又提了几点进一步修改的意见，让他拿回去再作修改。这篇作文再交上来时又有了很大提高，我给他记为"优"，讲评时又大大表扬了一番。目的只有一个，那就是鼓励他，希望他能用学游泳的精神和劲头，突破他对写作文的自卑畏难心理。还有的学生自视甚高，颇为自负，而且好高骛远、眼高手低。开始下笔就想写长篇文章，企望一鸣惊人，而不注意由小到大地积累和逐步提高，更不注意基本功训练。例如高一（1）班的刘某博，每次作文一写就是八九页，洋洋洒洒数千字，而且多是胡编乱造，写所谓的科幻故事，描摹人云亦云的五彩斑斓，捕捉昙花一现的光怪陆离。对此，我严肃指出这样做不是提高写作水平的正道，而是歧路；只有切实打好基础，才能由小到大，逐步掌握写作要领，写好文章。光讲道理没有用，关键是具体指导要跟上。于是帮助他改弦更张，写所在班级在学校足球联赛中失败的"尝试"，并帮助他修改定稿，使他有所觉悟和转变，作文水平显著提高。

3. 教学生作文，还要坚持严格要求、注重修改的原则。我要求学生写作文一定要字迹工整。这不是简单的字好字坏问题，而是写作态度是否认真的问题；草三潦四，敷衍塞责，写百篇不如写一篇。因此，我经常要求学生重抄作文。而且，重抄时一定要先行修改然后誊清。因为修改是写作中的一个重要环节。只有在修改上肯下功夫，思路才会越来越清晰，语句才会越来越通顺，文章才能越写越好。所以，每次作文交上来以后，我都进行验收，把形式上不合格的一律打回去重抄。有的学生能认真修改，及时重抄按时交上来；也有的学生，你要他重抄并作适当修改，他干脆不交了。对此，我采取的办法，一是讲明重抄的道理，不是为难他，而是促他自我提高；二是取得班主任老师的支持，借助班主任老师的东风追索，使重抄收到了预期的效果。

4. 教学生作文，还要坚持评语以鼓励为主的原则。现在人们都认为应该多表扬学生，这样学生才会不断进步。但在实际上表扬如果不适当，会适得其反，反倒打击学生的积极性，挫伤学生的自尊心和自信心。而鼓励与表扬不同，乃是从根本上扶持学生的自信，着眼于学生应该怎样做的指导，着重于学生按照要求做后的满足。教师的责任就在于帮助学生认识自己的能力，树立自信心。教师如果能就学生作文的实际情况进行鼓励，那么学生接受鼓励之后，就会信心倍增，就会做得更好。我坚信这一点，所以始终坚持作文评语以鼓励为主的原则。数学鄢老师信手翻看了我写的作文评语后说："学生大作文后，都有你的一个小作文。"是的，我不像有的老师那样，随便翻一翻，随意扫描几眼，然后打一个印象分或写上一个"阅"字，就算完事，而是精批细改，字斟句酌，甚至连一个标点也不放过。评语之所以写得多，是因为既要对从文中发现的思想或语言的闪光点给予肯定、加以鼓励，又要对文中暴露出来的某些问题适当地指点迷津、导引方向。尽管这样批改作文费时费力，甚至影响到作文频次，但效果还是比较明显的。

5. 教学生作文，还要注重作文讲评。注重作文讲评，是我作文教学的一个特点。我认为，学生作文光做不批，固然很难提高；然而只批改不讲评，也不会有大面积、大幅度的提高。因为批改只是针对某个学生的某篇具体作文，是个别指导，而讲评则是面对群体的，具有一定的普遍性、示范性和引导性。讲评时，不是教师唱独角戏，而是师生合唱合演合奏：更多的时候让获"优"学生到讲台上读自己的作文，我读评语；也有时请作文写得比较生动、深刻的学生谈经验体会，我作点评。这样的讲评，对个别学生来说，是表扬，是激励，能提高他们的自信心，而对群体学生来说，则是树立榜样，是影响和带动。而且每次获"优"的学生总是变动不居的，这就造成了一种你追我赶的竞争态势，促进了学生写作能力和水平的提高。

6. 教学生作文，还要重视学生的全面修养。这是因为文章的质量在很大程度上取决于写作者的修养，这正如鲁迅所说：从喷泉里出来的都是水，从血管里出来的都是血。因此，评文不仅要评语言文字和篇章结构，而且还要评思想修养。所以，在作文中发现学生有什么思想问题时，一方面我会在评语中指出来，以求学生能有所认识、有所改正；另一方面及时和班主任沟通，以便加强思想教育。这既是学生写好文章的重要一环，也是学生加强全面修养的重要内容。例如，高一（2）班刘某晨在作文中写到他的家境和初恋，我就让当时的班主任鄢老师看了他的作文，了解他的畸形性格形成过程，以便对他进行针对性教育。再如，高一（1）班周某君在作文中写到她曾获得一项国家专利，但由于某种原因专利证书没有到手，她感到很苦恼，在一定程度上影响学习情绪。于是我就及时向有关校领导反映了这个情况，希望校方能帮助她解决这个问题。如能追索成功，不仅可以缓解她的经济问题，调适她的学习情绪，而且有助于树立学校的良好形象。具体情况见于另文，这里从略。

二、作文教学只有课内主场还不行，还要有辅场即课外和校外的一些辅助手段才能奏效。这里只就其中两个重点说明一下。

1. 培养学生每天写日记的好习惯。写日记，是一个非常好的习惯。常言说得好：思想决定行为，行为决定习惯，习惯决定命运。一个人如果从小就养成了写日记的习惯，那他的写作能力必将逐步提高，虽不敢说他一定会成为新闻记者或作家，但他笔杆子硬，将使他的工作能力也相应地得到提高，而且将会终生受用，是确定无疑的。

坚持每天写日记的好处很大：可以记录你学习和生活中的一些小事，多年以后你会发现这些小事不小，它记录了你的心理轨迹、折射出你的成长历程；人生活在尘世中，纷纷扰扰的事情很多，多年后你可能已经淡忘了其中的许多事情，甚至连当时印象较深的事情，怎么也想不真切，如果你有日记可查，那不就一清二楚了吗？真是好记性不如烂笔头！另外，你的日记里很可能摘录了不少富含哲理的名言名句，写作时可以随时引用，以增强你的文章的说服力。但这些都不是最主要的，最主要的是写日记能锻炼和提高你的写作能力。

那么如何指导学生写日记呢？一是注意培养学生写日记的兴趣。爱因斯坦说过，兴趣是最好的老师。为了培养学生写日记的兴趣，必须讲清道理，说明写日记究竟有哪些好处，并以鲁迅和雷锋的日记为例，避免枯燥。二是个别引领，带动一般。老师要善于发现在某项课余活动中有些天分的学生，有意引导他写这方面的活动日记，表扬他的日记，这样他就可能会对写日记逐渐有兴趣了，而且他还可能影响和带动别人。三是注意培养学生的观察能力。老师应要求学生做有心人，养成观察的习惯，平时留心各种各样的人和事物，例如老师和同学的相貌特征、说话语气、走路姿态等，写观察日记。四是在写个体的观察日记的基础上，要求学生写集体活动日记，比如课堂讨论、年级球赛、全校诗歌赛会等，不仅要把六个要素写出，更要突出重点人物和场面。五是在写活动日记的基础上，要求学生写感想日记。比如看了一场电影，你觉得这个电影情节怎么样，哪个人物使你很感动，哪个人物又使你厌恶，为什么？这样写日记，写作水平一定会逐年提高，坚持数年，大有好处。

2. 组织和培训学生到社会上做小记者。这里说的小记者，不是指新闻机构招聘培训的小记者，而是特指学校自身组织培训的小记者。这种小记者虽不那么正规，也不可能很普遍，但它的吸引力和感召力不可小觑。小记者们通过采访和编辑社会新闻，一定会对提高学生写作能力有很大的促进和带动作用。然而，组织和培训小记者很不简单，工作必须过细。

①小记者的组织办法：可以先在班级选拔 1~2 名小记者，然后在全校组成小记者团；先在校内模拟采访，学着编辑校内新闻；先采编校内新闻，然后走出校门采编社会新闻。

②小记者的培训目标：一是了解采写和编辑新闻的基本知识，二是培养学生获取和处理信息的能力，三是培养和提高学生的书面表达能力，四是培养学生的合作能力和团队精神等。

③小记者的基本素质：一是沟通能力（新闻人），二是观察能力（新闻眼），三是聆听能力（新闻耳），四是识记能力（新闻脑），五是写作能力（新闻手）等。

④小记者的自律守则：一是服从带队老师领导，听从被访单位安排；二是采访前做好准备，列出提纲，带好证件和录音录像工具；三是尊重被访对象，有的放矢地礼貌提问；四是做好记录，及时整理及时交稿等。

⑤模拟采访的步骤：一是采集有关的事实材料，二是整理材料形成消息、通讯或特写等新闻报道，三是向学校广播台站发送稿件，较为突出的稿件也可向市区报社或广电站台发送。重要的是要能在细心观察、注意聆听的基础上提出敏感话题、热点问题、焦点问题，然后进一步挖掘线索、追踪报道。

综上所述，培养和提高学生的写作水平和能力，是一个长期的复杂的系统工程，是我们每个人的终身事业，所以作文教学既要以课堂教学为主，而又不能单打一，必须从课内到课外，从校内到校外，甚至还要从学校到工作单位，多方协同，长期坚持，才能有显效、有长效！

只要有"爱心"，"顽石"亦可雕

何谓"爱心教育"？我给不出准确的定义，更做不了详细的阐释，只能凭直觉谈一点粗浅的看法。我觉得，"爱心教育"是对教师而言，是说教师不仅要"传道授业解惑"，晓之以理，而且要动之以情，以情感人，以情化人；教师要用自己的一片赤诚之心、满腔的热情，去关爱学生、感动学生、化育学生。这是现实社会对教师提出的更高要求，是科技时代赋予教师的崇高使命。特别是我们身处民办学校，所面对的是"四类苗"，更要做好"爱心教育"这篇大文章。原来我们几个教师曾调侃过高中部的学生，有道是：这些学生虽对文化课没兴趣成绩不好，但对写情书、情诗有一套，颇类黛玉式小文豪；虽对文化课无兴趣成绩不好，但手脑灵活，善于操控电脑玩游戏，甚至几天几夜不吃不喝不睡觉；虽对文化课无兴趣成绩不好，但对"才艺展示"情有独钟，不受伤病困扰，算得不屈不挠；虽对文化课无兴趣，但对活动课兴趣高，经常过点不回教室，不怕把时超；虽对文化课无兴趣，但对计算机课兴趣高，不为学知识，只想把嗑唠，游戏大比拼，唯求凑热闹；虽对文化课无兴趣，但对养生有一套，课间饿了吃西点渴了喝饮料，课上趴桌就睡，保险累不着；虽对文化课无兴趣，但对谈情说爱搞对象有一套，广众大庭，睽睽众目，男女生抱得紧紧的，别说法海和尚，就是王母娘娘对此也没招儿……现在看来这种看法有失偏颇，这种玩笑不开为好。这批学苗是很差，但我们绝对不能把他们看成小刺猬，浑身都是刺，没一点爱人肉；绝对不能把他们看成豆腐渣，扎巴拉撒，怎么着也团不成团儿。这是因为思想是行动的先导，如果我们这样看待这般戏谑，还能有爱心、有耐心、有信心教好他们吗？绝对不会。所以，我们必须转变观念、转变看法。我们必须用充满爱心的胸怀去容纳，用充满爱意的眼睛去观察。只有这样，我们才会打心眼儿里喜欢他们，才会觉得他们个个都很可爱、都很聪明，他们人人身上都有优点、长处和闪光点，现在都是可教之材，将来都是可用之材。别说他们不是顽石，即便是顽石，爱心所至，亦可雕也。所以说，只有不会发现学生闪光点的教师，没有找不到闪光点的学生。我们教师不要做专挑学生身上刺的挑刺人，而要做善于发现学生身上闪光点的栽花人。

苏霍姆林斯基说："教育技巧的全部奥秘也就在于如何爱护儿童。"是的，一个教师如果不爱学生，又怎么能教好学生呢？可以断言，不热爱学生的教师，绝不会成为好教师！众所周知，教师上课教书，不仅是知识传授和能力培养，而且是情感的交流和感染；没有情感的交流和感染，也就不会有成功的知识传授和能力培养。基于这种看法，我不揣冒昧地要将教育专家于漪老师的课堂教学的"三个维度"的次序颠倒一下，即第一个维度应该是情感和态度，第二个维度是过程和方法，第三个维度才是知识和能力。

"爱心教育"非常重要，这个口号谁都知道。然而，怎样实施"爱心教育"呢？一般人恐怕不甚了了。我的粗浅看法是，要想实施"爱心教育"，就要做到尊重学生、了解学生、理解学生、帮助学生、引导学生、吸引学生。

一是教师要尊重学生。教师要尊重学生的学习主人的身份和主体地位，尊重他们的自尊心和人格。在任何时候任何情况下都不能讽刺挖苦，不能歧视贬损，不能挫伤他们的积极性和主动性，更不能说出"你也太笨了！""你真不是东西！""你没有廉耻！"诸如此类的话。因为恶语伤人，比动手打人后果更严重，学生会记恨你一辈子，以后你做多少工作也难解开这个扣儿。所以，当遇到他们的挑战时，一定要慎重处理。例如，高一（1）班王某艳，我问她问题时，她突然说："你说什么呀？我听不明白！"声音很大，态度很硬，说得同学们一愣，心里说"王某艳这是怎么了？"我当然非常生气，正要发作，但想到我们教师一定要尊重学生，尊重学生是教育学生的前提。于是就压住火气，平和地说："王某艳同学有点情绪，这是因为我没有把问题说明白。那么我再说一遍——"王某艳连忙解释说："我不是这个意思，我是说……"于是一场不可避免的冲突平息了。关系融洽了，你说的话他们才能听进去，才能真正起作用。

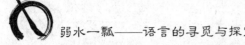

二是教师要了解学生。正如世界上没有完全相同的两片树叶一样，学生必定是各种各样的，他们没有相同的心理倾向，没有完全相同的智力，却都有自己的智力强项，有自己的学习风格。教师要通过各种渠道了解学生的个性，了解学生的兴趣和爱好，了解学生的专擅和特长，了解学生的生活习惯和家庭背景。我们学校高中部的学生父母离异、单亲家庭的非常多；父母常年在外做买卖，无人照顾、无人管教的非常多。他们更多地需要教师的理解和关爱。"知其心"才能"救其失"嘛。例如，高一（2）班范某夺，本来学习挺好，尤其是语文和外语很突出；而且篮球和乒乓球打得挺好，歌舞表演和业余主持也都来得，特别是嗓音好、富有磁性。但是父母离异后，母亲移居国外，父亲在广州做买卖，因此他在生活上没人照管，学习上没人督促；在班级，除了纪某腾一个，没人和他交好，都在疏远他，所以他上课经常睡觉，有的学科完全放弃了。了解这个情况后，我就鼓励他，希望他能刻苦自立，振奋精神，发扬所长；在课堂上，经常叫他读课文，赞扬他的朗读水平，因而语文课他很少睡觉，语文成绩越来越好。

三是教师要理解学生。理解高中阶段学生的生理特点特别是他们的心理特点，对于高中部的教师来说，非常重要。这些学生尽管知识积累不多，学得不够扎实，但他们的感知水平较高，有明显的目的性和自觉性，能发现事物的本质方面和主要细节；思维具有较高的概括性、深刻性、独立性和批判性，逻辑思维开始形成；学习兴趣更为广阔，具有更大的选择性和稳定性；学习动机更远大、深刻而稳定；感情较深沉、稳定和含蓄，重视友谊，意识到异性间的爱恋，集体感和荣誉感也有很大发展；自我意识日趋成熟。因此，这些学生在平时的学习和生活中的一些想法和做法需要理解，而他们在成长过程中出现问题发生迷失时，则更需要理解。理解他们迷失的原因，理解他们的冲动，理解他们的忏悔。不能对他们另眼相看，轻蔑和鄙弃，甚至实施感情虐待，恰恰相反，越是这样的学生，老师越要努力发现他的闪光点、放大他的闪光点、充分肯定他的闪光点，从而提高和增强他的自信心，点燃他进取的火花，让他在愉悦心境中悔悟错误，改正错误。例如，高一（3）班高某翔，外语和语文学得很好，有一定的文学造诣，我们完全有理由相信：将来她可能写出去、写上去。但在高中部一次作文竞赛中，她的作文《鱼骨项链》因抄袭而被取消参评资格。抄袭是一种侵权的可耻行为，取消参评资格是应该的。但对平时作文很好的学生，说实在话，我不愿这样做而又不能不这样做，正所谓"忍痛割爱"。在这之后，她见了我，不是背过脸去，就是扭头而走。我想，这说明她对所犯的严重错误缺乏应有的认识，她很可能因此而一蹶不振，消极下去。于是，我就利用代小宋老师值班的机会和她谈了一次话，大意是：你是一个有一定文学功底的女孩，我很欣赏你。如果凭你自己的水平，用你自己的笔，写你自己的事，表达你自己的思想和感情，作文竞赛你是会获奖的，而且奖项应该比较高，可是你……我停顿了一下，没有揭她的疮疤，接着提出了我的希望，希望她不要就此搁笔，而要发奋读书，发奋写作，不仅要考上她理想的复旦大学中文系，而且要写出去、写上去。最后，我还针对她的习作症结给她指了指路径，我说：你一定要跳出个人的小圈子，跳出恋爱的小天地，跳出失恋的痛苦和感伤，一定要着眼于大众，着眼于人民，着眼于民族，着眼于国家，着眼于人类，着眼于他们的学习、工作和生活，着眼于他们的思想和感情，这样，你才能成为大手笔，才有可能写出不朽之作。这次谈话之后不久，她到办公室找我，说她准备参加全国新概念作文大赛，我说：好！你就应该这样。祝你成功！

四是教师要帮助学生。教师作为成年人和师长，有责任也有义务帮助学生。这是因为高中生虽然自己觉得已经长大，已经懂事，已经能够自己管理自己的生活，已经能够自主地处理自己的事情了，但在实际上他们还很幼稚，还缺乏自控能力，还缺乏经验，还不能对错综复杂的世界辨识清楚、应付裕如，他们经常会感到困惑，甚至陷入困境。这时候教师的责任就是施以援手，帮助他们释疑解难，使他们能够愉快地投入学习之中。例如高一（1）班周某君，初中时设计的"清洁拖布"已获国家专利局审核通过，国家专利局已将专利证书寄出，但是从2002年开始，时至今日，始终未收到专利证书。在此期间，她本人和她的家长多次寻访当地邮局、学校和经办单位团市委，没有任何实质性效果。我从她的作文中获知这一情况后，感到她的专利虽然价值不是很大，但对她这个父母离异、缺乏经济来源的女孩子来说非同小可。而且这个问题迟迟不能解决，使她对国家对社会对人生都可能产生看法，最起码也会影响她的学习情绪和学习状态。想到这里，我立即找她了解详细情况，鼓励她不要气馁，并帮她分析问题的症结所在，然后向学校领导作了汇报。运校长很重视，表示一定要帮助解决。运校长虽然工作很忙，但他很快就和国家专利局取得了联系，得到答复后又和团市委取得了联系；根据团市委的答复，周某君同学向国家专利局递交了查核申请；根据国家专利局的答复，运校长准备亲自出面到有关的两个学校和一个邮局去查核……我离开这个学校时，问题虽然仍未解决，但已看到了熹微的曙光。我相信，教师和学校领导帮助学生解决遇到的困难的决心，一抓到底、具体落实的精神，定会使周某君同学深受感动，她的学习定会更加刻苦勤奋。

五是教师要引导学生。教师要引导学生认识到语文知识和语文能力是人的精神生活、物质生活不可或缺的，语文学习是奠定人的发展基础的需要，因此，语文学习应是学生"自需"的；要激发学生学习语文的兴趣，让学生热爱祖国的语文，喜欢语文课，因此，语文学习应是学生"自愿"的；要告诉学生语文能力是在语文实践中形成的，要亲力亲为才能有所收获，因此，语文学习应是学生"自为"的；要为学生提供宽松的语文学习环境，因此，学生的语文学习应是"自由"的。但这些大道理比较空泛，怎样才能化为学生的具体行动呢？值得探讨。我的做法很简单，近乎幼稚。例如高一（2）班纪某腾，许多学生都认为他智力低下，脑袋长在另一个学生范某夺的身上。可我认为，他既不傻也不苶，而是基础太差、欠账太多，要学听不懂，要跟撵不上。对此，我不是给他讲大道理，而是私下问他一个小问题，他不会，我就讲给他听，然后当着全班同学的面公开提问这个问题，请他回答，他当然答对了，于是我就表扬他，使他提高了勇气和信心；我表扬他上课不睡觉，有精神；还表扬他作业写得认真，不糊弄，等等。这样一来，这个学生就对语文由不学到学，由不爱学到较爱学，在他自己的基础上有了一定程度的提高，期中考试 66 分，期末考试 78 分，提高了 12 分。我又一次表扬了他，他很高兴，见面隔老远就打招呼……我的体会是：只有你欣赏他，他才会欣赏你、欣赏你的课、爱听你的课。

六是教师要吸引学生。教师除了要有人格魅力之外，教学更要有吸引力、感染力和辐射力，就好像磁石吸铁一样，能够把学生吸引住。上课铃还没响，你还没到教室，学生就把课本、笔记和作业本都准备好了，等着你上课，盼着你上课；你一走进教室，学生唰地一下站了起来，齐声回问"老师好!"坐下后，没有趴桌子睡觉的，没有回头说话的，一个个都精神集中，全神贯注。那时候你怎么样呢？我想，你一定会越讲越来劲儿，竹筒倒豆子，尽其所能，倾其所有。而要给学生一杯水，教师就要有一桶水，这就是说，教师一定要做到胸中自有知识百万，对教材备得很细、吃得很透，甚至如出己心、如出己口。课不仅要讲得清楚明白，而且要讲深讲透，讲到学生的心里头，使学生心悦诚服，从心里往外佩服你才行。不然的话，你讲你的，他干他的；这耳听，那耳冒，你讲得再好，哪怕你讲出龙叫唤，他不听你的，你也拿他没治，讲了等于没讲。举个例子，高一（1）班赵某某，因为他是后转来的借读生，开始我没注意到他，他也不理我的茬儿。后来，在提问时发现他回答问题较准确，看问题较深刻，自习课时和他唠了唠，又发现他读书较多，涉猎较广，知识面较宽，有一定的钻研精神。于是我对他大加赞扬，他也就对语文课产生了浓厚的兴趣。后来，他帮我做《种树郭橐驼传》多媒体课件，我觉得做得较好，可惜只是有限的几个家长看了，影响不大。有一次，做优化设计题，里面有一个字"霝"，我在《现代汉语词典》《古汉语常用字字典》《辞海·词语分册》等字词典里都没有查到，但是，赵某某头脑灵活，很快就利用电脑拼音查出来了，读 líng，他证实了我的预判：一般的形声字都可以按照声旁来读。因此我又表扬了他，使他的兴趣越来越浓，以至下学期要随母亲工作调转而转学，还恋恋不舍、不忍离去。再如高一（1）班段某炜，她对语文学习的兴趣很浓，课外涉猎较广，尤其偏好唐诗宋词。有一次，她问

我一道课外题：南宋四大家之一的杨万里诗句"接天莲叶无穷碧，映日荷花别样红"的前两句是什么，我一时懵住了，后来查了查，才告诉她这首诗的题名是《晚出净慈寺送林子方》，前两句是"毕竟西湖六月中，风光不与四时同"。此事使我感触颇深：学生的学习兴趣上来了，他们就会自觉地学习；他们自觉学习的结果，又推动了老师的学习，正所谓"教学相长"嘛！

总之，还是爱因斯坦说得好："只有'热爱'，才是最好的老师，它远远超过责任感。"让我们用充满爱心的教育，教学生热爱知识、探求知识、运用知识，去装点一个充满爱心的世界！